幼儿园玩教具制作及环境创设手册

刘 芳◎著

延边大学出版社

图书在版编目（CIP）数据

幼儿园玩教具制作及环境创设手册 / 刘芳著 . -- 延吉：延边大学出版社，2022.11
ISBN 978-7-230-04306-9

Ⅰ.①幼… Ⅱ.①刘… Ⅲ.①幼儿园－自制玩具－手册②幼儿园－自制教具－手册③幼儿园－环境设计－手册 Ⅳ.① G614-62 ② G617-62

中国版本图书馆 CIP 数据核字（2022）第 216889 号

幼儿园玩教具制作及环境创设手册

著　　者：刘　芳
责任编辑：柳明秀
封面设计：星辰创意
出版发行：延边大学出版社
社　　址：吉林省延吉市公园路 977 号　　邮　编：133002
网　　址：http://www.ydcbs.com　　E-mail：ydcbs@ydcbs.com
电　　话：0433-2732435　　传　真：0433-2732434
印　　刷：天津市天玺印务有限公司
开　　本：787 毫米 ×1092 毫米　　1/16
印　　张：10.25
字　　数：180 千字
版　　次：2022 年 11 月第 1 版
印　　次：2024 年 3 月第 2 次印刷
书　　号：ISBN 978-7-230-04306-9

定　　价：55.00 元

前　　言

　　玩教具是幼儿园教育的重要设施，是实现教育教学目标的重要工具之一。《幼儿园工作规程》规定，幼儿园应当因地制宜，就地取材，自制玩教具。玩教具是幼儿园教育重要的教育资源和学习资源，对幼儿的发展有特别重要的影响。

　　幼儿园的环境是指幼儿园内幼儿身心发展所必须具备的一切物质条件和精神条件的总和。《幼儿园教育指导纲要（试行）》指出，环境是重要的教育资源，应通过环境的创设和利用，有效地促进幼儿的发展。幼儿园的空间、设施、活动材料和常规要求应有利于引发、支持幼儿的游戏和各种探索活动；教师的态度和管理方式应有助于形成安全、温馨的心理环境，言行举止应成为幼儿学习的良好榜样。可见，幼儿园教师应从精神环境和物质环境两个方面来营造良好的环境氛围，促进幼儿身心的和谐发展。

　　基于此，本书从幼儿园玩教具制作与幼儿园环境创设的相关知识着手，阐述了幼儿玩教具的题材和幼儿玩教具的种类，概述了幼儿园环境创设的含义、幼儿园环境创设的基本原则以及幼儿园环境创设的基本方法与材料，并对幼儿玩教具的选择与运用、幼儿园玩教具制作的意义与指导原则进行了具体的分析。在此基础上，围绕幼儿园室内外空间环境、幼儿园活动区环境、幼儿园心理环境与人际环境等对幼儿园环境创设进行了深入系统的探讨。

　　在我国学前教育改革不断深化与发展的背景下，幼儿园的玩教具制作与环境创设愈加受到人们的重视。通过制作科学并具有趣味的幼儿园玩教具，优化幼儿园的教育环境，能够让学龄前儿童在快乐的童年生活中获得有益于身心发展的经验。本书通过深入研究幼儿园玩教具制作的核心内容，探讨幼儿园环境创设的要素和方法，研究在玩乐中如何有效激发学龄前儿童的学习热情，以利于儿童的身心健康发展，并且对幼儿园教师的专业发展也有一定的促进作用。

CONTENTS 目录

第一章　幼儿玩教具概论 ··· 1

　　第一节　幼儿玩教具的题材 ·· 1

　　第二节　幼儿玩教具的种类 ·· 5

第二章　幼儿园环境创设概论 ··· 11

　　第一节　幼儿园环境创设概述 ··· 11

　　第二节　幼儿园环境创设的基本原则 ································· 28

　　第三节　幼儿园环境创设的基本方法与材料 ························ 33

第三章　幼儿园玩教具的选择与运用 ·································· 39

　　第一节　幼儿园玩教具选择的原则 ··································· 39

　　第二节　幼儿园玩教具选择的注意事项 ····························· 44

　　第三节　幼儿园玩具的运用 ··· 48

　　第四节　幼儿园教具的运用 ··· 57

第四章　幼儿园玩教具制作的意义与指导原则　62

第一节　幼儿园玩教具制作的意义　62

第二节　幼儿园玩教具制作的指导原则　66

第五章　幼儿园室内外空间环境创设　76

第一节　幼儿园空间环境创设的基本要求　76

第二节　幼儿园室外环境的设计　78

第三节　幼儿园室内环境的设计　97

第六章　幼儿园活动区环境创设　107

第一节　幼儿园活动区的规划与功能　107

第二节　幼儿园活动区的环境布置及材料投放　122

第七章　幼儿园心理环境与人际环境创设　142

第一节　幼儿园心理与人际环境及其构成要素　142

第二节　幼儿园心理与人际环境功能　146

第三节　幼儿园良好心理与人际环境创设　150

参考文献　157

第一章 幼儿玩教具概论

第一节 幼儿玩教具的题材

幼儿玩教具题材涉及的内容比较广泛,可以来自大自然、生活以及人的内心和品德等。以往的幼儿玩教具类书籍较少涉及题材,大多从幼儿玩教具制作的材料上进行划分。例如,李金娜、赵霞主编的《学前儿童玩教具制作(第二版)》将幼儿玩教具分为纸材料玩教具、布艺玩教具、绳艺玩教具、木玩教具、竹玩教具、泥玩教具等;沈玲主编的《幼儿园创意自制教玩具》将幼儿玩教具分为场景、纸浮雕、纸杯、卡片、剪纸、各种材料的剪贴画、泥彩塑、班牌、编制、瓶子、头饰、蛋壳画等。陶行知先生认为,生活即教育。我们可以将其理解为:教育来源于生活,教育为生活服务,生活决定教育;通过生活,教育才能成为真正的教育。根据陶行知的生活教育思想,幼儿玩教具的题材应该更多地与幼儿的生活相联系,回归生活。基于这样的思考,我们将幼儿玩教具的题材分为表现动物、植物,表现自然、科学,表现游戏活动,表现日常活动等多个方面。

一、表现动物、植物

（一）动物

动物是幼儿所喜爱的，特别是经过设计创作的可爱、生动、活泼的卡通动物形象。以动物为题材创作玩教具是幼儿教师自制玩教具常用的表现手法，通常会选择幼儿喜闻乐见的动物，如兔子、大象、老虎、青蛙、猫、狗、鸡、鸭、猪、燕子、老鹰等。通过对动物进行原型组合、夸张、变形、扭曲等艺术处理，甚至完全依靠创造，制作成各种形式的幼儿玩教具。这些幼儿玩教具包括各种形式的手偶、经过夸张处理的剪纸和纸雕作品、拼接的剪贴画等。

以动物作为幼儿玩教具的题材，一方面可以帮助幼儿认识生活中各种动物，丰富幼儿的生活经验；另一方面可以让幼儿亲近大自然，感受人与大自然的关系，培养幼儿发现美、感受美、表达美的能力。在大自然和社会文化生活中丰富幼儿的想象力和创造力，引导幼儿学会用心灵去感受美，用自己的方式去表现和创造美。此外，一些幼儿玩教具中野兽、家畜、家禽的滑稽造型，以活动、意外性和突然性为主要表现手法，其用意在于使幼儿产生某种对喜悦与忧虑的共同感受，并培养他们的幽默感。

（二）植物

以植物为题材的幼儿玩教具的制作既环保，又能培养幼儿的创新能力。植物题材的幼儿玩教具主要以大自然资源、生活中的物品为材料，常见的有树叶粘贴画玩教具、秸秆玩教具、草编玩教具、竹木、树枝玩教具、蔬果等。植物题材的幼儿玩教具，不只是指使用材料与植物有关，更确切地说是以植物作为题材、作为造型的幼儿玩教具。这一题材的幼儿玩教具，不但可以增长幼儿的自然知识，还可以提高幼儿动手创作的能力。特别是让幼儿用彩色纸折叠出各种植物的造型或让幼儿用剪刀剪出植物的造型等，这些手工活动既能促进幼儿手部精细动作的发展，又能扩散幼儿的思维，培养幼儿的想象力。

（三）动植物题材在幼儿玩教具中的运用

动植物题材在幼儿玩教具中的运用十分普遍，不管是购买的玩教具，还是教师自制的玩教具,都会选择幼儿喜欢的动植物造型。常见的有兔子、大象、老虎、青蛙、猫、狗、鸡、鸭、猪、燕子、老鹰等动物,以及各种花草、松树、椰子树等植物,在剪纸、折纸、拼接画(贴画)、泥塑、布艺等各种艺术形式的幼儿玩教具中都能找到它们的身影。比如,在平面拼接画中,动物的造型多为夸张、扭曲的。而在一些积木玩教具中,动植物的造型也是常见的表现题材,并以几何图形的形式表现出来。

二、表现自然、科学

（一）自然

自然,可以说是幼儿玩教具永恒的题材。自然题材更多地体现在剪纸、粘贴画、故事盒等类型的幼儿玩教具中。在幼儿园玩教具中,一般以山水、森林、荷塘、大海、天空、树木、花、草、虫、鱼等常见的事物为题材。

（二）科学

"玩具不是仅仅供儿童玩笑的,快乐的,实在含有科学游戏的性质"。陈鹤琴先生的这句话不但道出了玩具的目的,还指明了幼儿玩教具与科学的关系。这个"科学"表明了科学类玩教具的设计与制作既要符合科学的原理,又要考虑教玩具是否符合幼儿的年龄特点、水平。可以说科学题材的玩教具是孩子们探索世界、发现真理的有效工具。

以表现科学为题材的玩教具,是对幼儿进行科学启蒙的教育,目的是促使幼儿学科学、爱科学,培养幼儿科学探索的兴趣和能力。这一题材主要利用光、声、电、热、磁、力和运动等科学原理来制作玩教具。例如,教师制作万花筒就是利用了光的反射原理,使镜子间相互反射而形成多姿多彩的景色;利用一次性纸杯、线等材料制作的电话,就是利用了声音的传播方式、震动的原理;小猫钓鱼的玩教具,就是利用了磁铁相吸的原理。

（三）自然、科学题材在玩教具中的运用

自然、科学题材在玩教具中的运用,使幼儿能将玩与探索结合起来,获得初步的科学知识与经验；幼儿在轻松愉快的玩具操作活动中加深了探索科学奥秘的兴趣和欲望，有利于幼儿操作、观察、思维、想象等能力的全面发展。这一题材的玩教具的设计与制作，相对于其他题材来说具有一定的难度，需要教师在日常的教具教学活动中多思考、多观察，才能让设计出的科学类玩教具具有科技性、趣味性、观赏性。

三、表现游戏活动

（一）游戏活动

游戏是幼儿最喜爱的活动，幼儿园以游戏为基本活动。幼儿玩教具以贴近幼儿的生活为宗旨，以幼儿游戏活动为表现题材的玩教具是幼儿玩教具的重要组成部分。幼儿的游戏活动涉及的内容较多，常见的游戏有老鹰捉小鸡、滚铁圈、老狼老狼几点钟、跳房子等，具有时代特色的游戏有愤怒的小鸟、切西瓜等，以及幼儿园常见的搭积木、拼拼图、扮"娃娃家"、表演等建构游戏和角色游戏。这些游戏类型都是厂商生产玩教具和幼儿园教师自制玩教具的题材。

（二）游戏活动题材在玩教具中的运用

玩教具实际上是一种将玩具与教具功能合二为一的一种提法。游戏活动题材的玩教具可以很好地将教育性与趣味性有机地融合在一起，成为"玩中学、教中玩"的工具。

在幼儿玩教具中，表现游戏活动题材的玩教具较多，几乎涉及玩教具的所有类型。游戏活动题材常运用于幼儿教师自制语言类玩教具，如故事盒、拼接画（贴画），生活类玩教具，如"喂小动物""编辫子"，以及运动类玩教具，如大型"打地鼠""愤怒的小鸟"等游戏。

四、表现日常生活

（一）日常生活

幼儿园的日常生活包括幼儿自己吃饭、自己穿衣等生活自理活动，以及日常生活中的游戏、户外锻炼等活动。通过生活活动，幼儿不但可以掌握生活常识，获得生活自理能力，养成良好的生活习惯，还能培养热爱生活的情感。

（二）日常生活题材在玩教具中的运用

日常生活题材在玩教具中的运用主要以生活用品、生活事件、生活技能等为内容。生活用品是幼儿教师使用各种材料制作而成的，让幼儿通过操作、使用这些生活用品来获得生活的知识；生活事件则是幼儿教师制作各种生活中常见的物品，并创设某一主题的区域角，如医院、小吃街、美发店、甜品屋等，让幼儿在角色扮演游戏中获得生活的知识；生活技能是幼儿教师专门训练幼儿某项能力，如编织系扣的技能，拿勺子、拿筷子的技能活动。

第二节　幼儿玩教具的种类

玩教具是一个引起幼儿兴趣、启发自主学习动机、稳定班级经营及顺应幼儿个别差异的教学活动媒介。玩教具的种类十分丰富，其种类和样式不是一成不变的，而是随着时代发展不断推陈出新的。

在幼儿园中，自制玩教具的种类非常丰富，按活动情境可分为语言类、科学启蒙类、体育类、生活游戏类和角色表演类。

一、语言类

语言类玩教具指培养幼儿听、说、读、写等语言文字能力的玩具。它能丰富幼儿的语言环境,启发幼儿想象,使其置身于语言情境之中,练习说话和语言交往。

语言类活动的玩教具主要有图片型玩教具、玩偶、面具头饰、布艺术和故事围裙等。

(一)图片型玩教具

图片型玩教具,是指挂图或以日用品、交通工具、动物、植物等为内容的成套图片,如识图卡片、顺序卡片。这类玩具可供幼儿开展配对、比较等游戏活动,既可帮助幼儿丰富常识,也有利于发展幼儿的比较、分类能力和口语表达能力。幼儿教师可以自行绘制或复制图片,过塑就可以长久保存。

(二)玩偶

玩偶,是指采用布绒、塑料、木头等材料制成的形象玩具,按原料可分为搪塑玩偶、布绒玩偶、泥塑玩偶、木偶等。在幼儿园中,常用的玩偶有布绒玩偶和木偶。其中,手偶和指偶最为常见。

1. 手偶

手偶,也叫手套偶,是套在手上、手指上的形象玩偶。将手伸进手偶里面,靠手掌和手指来掌控,手偶可以点头,嘴巴可以开合,双手可以摆动。手偶的形象众多,有现实生活中各种动物的手偶、代表各类形象意义的人物手偶,还有动漫手偶等。

2. 指偶

指偶,是指套在指头上的形象玩偶。指偶能启发幼儿为玩偶形象配音,自我对话或与同伴对话。

(三)面具头饰

面具与头饰,是指戴在脸上或头上的形象玩偶,有平面、半立体和立体三种。

平面式的头饰可以这样制作：在较厚的纸上手绘某种形象，然后在左右两端扎洞，裁剪长度稍长于头围的橡皮筋，将之两端在纸洞处打结，作为绷带即可。

面具属于半立体式，是来源于民间传统风俗的道具。民间面具包括脸谱（地方戏脸谱、京剧脸谱）和面具（川剧面具、舞狮器具等）。现在幼儿园中使用的面具多为可爱的动物形象面具。

立体头饰，即具有多维视角的装饰物，大面积包围头部，可夸张，如膨大或加长，视觉冲击力更强，形象更逼真。

（四）布艺书

布艺书从幼儿的年龄特点出发，选取柔软的、颜色鲜艳的各种绒布为主要材料，根据图书内容，确定书页的形状和数量，接着将布裁成大小相同的图形作为书页。再利用绒布制作一些不同款式的形象并加之各种纽扣（如按扣、子母扣）、拉链、鞋带及中国古典的盘扣，制作出一些活泼可爱的动物、植物、水果等半成品。然后将这些材料分布在书中，每一页都有不同的教育意义。最后将这些书页连接在一起。可随意拆装的书页更具有操作性，可供多名幼儿同时操作。

（五）故事围裙

故事围裙是一件绒布围兜，它在说故事时运用，随着故事情节的推进，小动物们不断从故事围裙的口袋里探出头来，或同步粘贴展示一些表示重要角色和场景的布偶，深深吸引幼儿的目光。出于新鲜感和挑战欲望，幼儿参与讲述的兴趣也很高。不仅教师组织活动时可以运用围裙，幼儿自由活动时也可以围上围裙自演自说。

制作材料包括：现成围裙一件、不织布和可爱图片若干。故事围裙可以由出示藏在口袋里的小动物推进故事，也可以制作双层翻页的围裙，用以变换场景。

二、科学启蒙类

科学类玩教具是指让幼儿观察、操作、探索各种具有物理、化学等自然界现象的玩具。它能发展孩子的好奇心、求知欲，引导幼儿从游戏中获得科学操作经验，养成观察、分析的习惯，懂得有关日常生活的知识和规律，发展智力，启迪智慧，提高认识能力。

蒙氏教具是科学认知类玩教具的代表，它由20世纪意大利著名教育家、蒙台梭利教育法的创始人——玛丽亚·蒙台梭利依据其教育思想发明设计。在蒙台梭利教具中，最经典的教具为感官教育教具部分，如插座圆柱、粉红塔、棕色梯、长棒等。幼儿通过自主操作教具，从中主动获得大量感官经验及掌握不容易被理解的数理知识。

自制科学性玩教具有：①玩沙、玩水玩具。玩沙、玩水的玩具包括沙漏、铲子、竹筒水枪、潜水艇等。②镜面玩具。镜面玩具包括平面镜、凹凸镜、万花筒等。③平衡重心玩具。平衡重心玩具与物体重心有关，能引起幼儿探索、发现的好奇心，如不倒翁、陀螺、天平等。④风动玩具。风动玩具是指借助风力运动的玩具，如风筝、风车、旋转纸盘等。⑤齿轮玩具。齿轮玩具是指借助齿轮推动物体运动的玩具，如机动玩具。⑥拼图玩具。拼图玩具能训练幼儿的形象记忆力和形象思维能力。如动物拼图、六面拼图等。⑦操作性玩具。操作性玩具能训练幼儿的反应速度、小肌肉的发展。例如，敲打玩具、结构玩具、穿编、活动玩具等。

三、体育类

开展体育游戏需要相应的器材，生活中一些废旧物品可以成为制作体育玩教具的原材料，只要肯动脑，经过组合拼接、改变形状、填充等处理，就能变废为宝。

例如，用不同个数的易拉罐，制成踩高跷、梅花桩、滚铁罐或拉力器等；利用矿泉水瓶，连成三个一组舞龙；利用稻草，结成多个长龙；利用废旧布料做成跳袋练习跳跃；利用饮料瓶盖做成各种花球、拉力器、桌球、套圈、毽子等，既有趣又能发展幼儿的各种活动能力。

四、生活游戏类

玩教具，不仅是为了让幼儿获得知识和快乐，更重要的是帮助他们学习和掌握生活和生产的实用技能。生活游戏类玩教具是针对幼儿日常生活需要掌握的本领设计的，使幼儿在游戏中获得有关日常生活的知识和操作经验。例如，怎样系纽扣，怎样刷牙，怎样过马路……在游戏中，有适宜的玩教具提示，这些问题幼儿都能自行解决。

五、角色表演类

角色玩教具是指让孩子通过模仿、扮演，去认识自己，认识周围环境和成人世界的玩具。这些玩具都有一定的主题，也是一种主题形象玩具。这类玩具可供孩子玩角色游戏时使用。如在"过家家"的游戏中，"妈妈"一会儿哄孩子睡觉，一会儿给孩子喂奶。游戏中每一个情节的展开变化，都需要相应的能促发"妈妈"语言和动作表现的物品，即与现实原物有一定相似度或共同特点的玩教具。角色玩教具有以下几种类型。

（一）娃娃及其他人物、动物的形象玩具

这些形象玩具有布绒玩具、头饰、面具等。幼儿有爱与被爱的需求，他们很喜爱柔软、抱起来很舒服的形象玩具，它们可以作为他们倾诉的对象、情感的象征、想象的媒介。可以选用布匹、毛绒来制作此类玩具。

（二）"娃娃家"、角色扮演的玩具

"娃娃家"的玩具可以有适宜幼儿坐、用的家具、餐具等用具；也可制作微型家居，幼儿也很喜欢操作。

（三）社会性玩具

社会性玩具是跨越家庭生活主题，能帮助幼儿认识自己身边环境，吸收其他生活经验的玩具，如布置在商店、照相馆、医院、剧院等场所中的物品。

在大型玩教具方面，可以利用纸箱制作小汽车、公交车等交通工具。幼儿乘坐在用大型纸箱制作的车子里，好似正驾驶着它，很威风。

（四）劳动玩具

劳动玩具是一些反映成人劳动的玩具，如老虎钳、螺丝、起子、洗衣机、吸尘器等玩具。

同一种玩教具可以在不同的情境中使用，不一定归属于特定种类，在制作玩教具时要懂得活学活用，努力学习，认真思考，才能创造出更多适宜幼儿玩耍、种类更丰富的玩教具。

第二章 幼儿园环境创设概论

第一节 幼儿园环境创设概述

幼儿园是促进幼儿身心发展的重要场所之一,环境创设是幼儿园教育重要的课程资源。重视幼儿园环境的创设,积极开发和利用环境因素,让幼儿在与环境的互动中自主发展,是幼儿教育改革的大趋势。《幼儿园教育指导纲要(试行)》高度重视幼儿园的环境创设,"总则"部分的第四条提出,幼儿园应为幼儿提供健康、丰富的生活和活动环境,满足他们多方面发展的需要,使他们在快乐的童年生活中获得有益于身心发展的经验。如何创设有利于幼儿健康、全面发展的环境,是所有幼教工作者都要认真思考的问题。

一、幼儿园环境的概念

幼儿园是幼儿日常生活、游戏和学习的重要场所,对幼儿的身心发展具有特殊意义。3～6岁的幼儿不具备对环境的选择、适应、改造等能力,这决定了幼儿对环境具有广泛的接受性和依赖性。因此,环境对幼儿的发展具有重要的影响。

（一）环境和幼儿园环境

1. 环境

环境是指围绕着某一事物并会对该事物产生某些影响的所有外界事物，也就是说，环境是指相对并相关于某项中心事物的周围一切事物。它既包括以空气、水、土地、植物、动物等为内容的显性的物质因素，也包括以观念、制度、行为准则等为内容的隐性的非物质因素；既包括山川、河流、动植物等自然因素，也包括人际关系、文化等社会因素。

总之，环境总是相对于某中心事物而言的，围绕中心事物的外部空间、条件和状况，构成中心事物的环境。因此，环境因中心事物的不同而不同，随中心事物的变化而变化。如果中心事物不同，环境的大小、内容等也就自然不同了。

2. 幼儿园环境

幼儿园环境是相对并相关于幼儿园和幼儿园教育的一切事物。广义的幼儿园环境是指幼儿园教育赖以进行的一切条件的总和，既包括园内环境，又包括园外的家庭、社会、自然、文化等大环境。狭义的幼儿园环境则主要是指园内环境，即幼儿园中对幼儿身心发展产生影响的物质和精神要素的总和。在本书中，我们侧重探讨狭义的幼儿园环境。

幼儿园环境是由幼儿园的全体工作人员、幼儿、各种物质器材、人事环境以及各种信息要素，通过一定的文化习俗和教育观念所组织、综合的一种动态的、教育的空间范围和场所。这种空间范围既是物质的，又是精神的；既具有保育性质，又具有教育性质；既是开放的，又是相对封闭的。它不仅受特定的地理环境、空间方位的影响，而且受特定历史阶段的社会氛围的影响。

（二）幼儿园环境的特点

1. 教育性

幼儿园作为专门的教育机构，其环境是在教育目标的指引下，有目的、有计划地针对幼儿的特点精心创设的。幼儿园环境是教育者实现教育意图的重要中介，遵照《幼儿园工作规程》中关于"创设与教育相适应的良好环境"的要求，幼儿园应将各种条件加以优化、合理组合，让幼儿园的每一处都发挥教育功能，把教育意图渗透在环境之中，让环境指导幼儿相应的行为。例如，楼梯上贴有上行下行的两行小脚印的贴纸，就是在告诉幼儿要注意安全，上下楼梯靠右行，不要推挤；图书架上整齐摆放的图书，就是在告诉幼儿看完图书后要把图书放回原处，不可以随地乱扔；教师满脸笑容地在门口迎接小朋友，就是在用行动告诉孩子们，老师很期待你们的到来。此外，老师以玩伴的身份参与游戏，可以让幼儿感受到人格上的平等和对他们的尊重。

2. 可控性

和社会大环境相比，幼儿园内的环境是处于教育者的控制之下的。具体表现在两个方面：一方面，社会上的精神、文化产品，以及各种儿童用品等在进入幼儿园时，必须经过精心的筛选甄别，取其精华，去其糟粕，以有利于幼儿发展为选择标准。如端午节到了，教师们会结合端午节布置一些适合幼儿的、有意义的环境，引导幼儿感受中华优秀传统文化。另一方面，教师根据教育的要求及幼儿的特点，有效调控环境中的各种要素，维护环境的动态平衡，使之始终保持在最适合幼儿发展的状态。如果在活动中发现幼儿出现疲劳状态，可以播放一些舒缓的背景音乐，安排一些安静的活动，组织幼儿休息，使幼儿的机体得到恢复，从而保护幼儿的身体健康；如果活动中需要幼儿活跃起来，可以播放一些轻松欢快的音乐，促使幼儿尽快兴奋起来。幼儿园环境的教育性和可控性为幼儿园环境的创设提供了可能性和必要性。

（三）幼儿园环境的分类

1. 幼儿园环境的多维度分类

根据存在形式，幼儿园环境可分为室内环境和室外环境。室内环境包括教室、走廊、活动室等；室外环境包括操场、园门、门厅等。

根据侧重的功能，幼儿园环境可分为保育环境和教育环境。保育环境包括餐厅、睡眠室、盥洗室等；教育环境包括活动室、游戏区等。

根据活动内容，幼儿园环境可分为生活活动环境、游戏活动环境和学习活动环境。生活活动环境包括睡眠室、盥洗室等；游戏活动环境包括室内外游戏场地；学习活动环境包括活动室和各功能教室。

根据三维空间，幼儿园环境可分为地面环境、墙面环境、空中环境。

根据组成性质，幼儿园环境可分为物质环境和精神环境。

下面重点介绍物质环境和精神环境。

2. 物质环境和精神环境

物质环境是指幼儿园内影响幼儿身心发展的物化形态的教育条件，主要指幼儿园内的一些硬件条件、设施设备等，如园舍建筑、设施设备、活动场所、环境空间布置、玩教具材料、图书等有形可见的东西。

精神环境是指幼儿园的心理氛围，它的范围很广，包括影响教职工和幼儿精神状态、情绪的一切因素。它包括幼儿园在一定时期内形成的大众心理、文化、集体氛围、人际关系等，是由园内许多无形的社会、心理因素构成的复杂环境系统。精神环境对人具有广泛性、潜移默化性、持久性的影响。特别是对正处在身心发展过程中的幼儿来说，精神环境的影响更是潜在而深刻的。

近年来，在各级政府和全社会的关注下，各地幼儿园的物质环境得到了极大的改善，不少幼儿园看起来越来越像花园、公园。但是当你走进幼儿园、走近幼儿，你会发现有些幼儿园并没有成为真正吸引幼儿的乐园。为什么幼儿在装潢设计得如此漂亮的幼儿园里并没有体验到真正的轻松快乐，甚至有些幼儿还不愿意上幼儿园呢？这是值得我们反思的问题。对幼儿园物质条件的高投资却没能得到应有的回报和效果，究其原因，主要是因为一些幼儿园缺乏环境创设的整体观，在重视物质环境创设的同时，忽略了对精神环境的创设。其实，精神环境的质量是制约物质环境功能发挥的阀门。精神环境越宽松，物质环境的能量就释放得越多。研究表明，生活在温暖、轻松、愉悦气氛中的幼儿更容易形成积极的个性特征和良好的交往技能，可以说，积极健康的精神环境是幼儿创造性、品性、社会性等方面发展的关键变量。而营造积极健康的精神环境的核心是建立融洽、和谐、健康的人际关系。在幼儿园的各种人际关系中，师生关系是最重要的，教师在日常生活中应该对幼儿多支持、多肯定、多接纳、多表扬、多鼓励、多关注、多信任、多宽容，这样才能营造出积极健康的幼儿园精神环境。

二、幼儿园环境创设的理论基础

环境是教育的一个组成部分，幼儿的成长离不开环境，环境对幼儿的发展有极其深远的影响。我国古人对此就有过精辟的论述，如"近朱者赤，近墨者黑"就是强调环境对人的感染作用。古代教育家颜之推认为,环境是通过潜移默化的方式对儿童产生影响的,而且这种影响是深入且持久的。下面介绍一些有影响力的环境理论。

（一）行为心理学的环境理论

行为主义心理学认为,人是环境之子,有什么样的环境就有什么样的人,人的所有行为都是对环境刺激做出的反应。该学说提出了环境的质量决定人的质量的核心观点。

行为心理学的创始人是美国心理学家华生,他在《行为主义》一书中写道,给我一打健康的婴儿,一个由我支配的特殊的环境,让我在这个环境里养育他们,我可以担保,任意选择一个,不论他父母的才干、倾向、爱好如何,他父母的职业及种族如何,我都可以按照我的意愿把他训练成任何一种人物。"[1]他的理论简单地说是可以通过控制环境任意地塑造人的心理和行为,华生强调环境对人的行为的影响（也就是刺激和反应之间的关系）,是典型的"环境决定论"。

（二）认知心理学的环境理论

认知心理学派的代表人物皮亚杰认为,儿童在与周围环境相互作用的过程中,逐步构建起关于外部世界的知识,从而使自身认知结构得到发展。儿童与环境的相互作用涉及两个基本过程,一个是同化,一个是顺应。简言之,同化就是把外部环境中的有关信息吸收进来并结合到儿童已有的认知结构中；顺应是指当外部环境发生变化,而原有认知结构无法同化新环境所提供的信息时,所引起的儿童认知结构发生重组和改造的过程。儿童就是通过同化和顺应这两种形式来达到与周围环境的平衡的。

（三）蒙台梭利的环境观

蒙台梭利十分重视环境,她认为,"在我们的学校中,环境教育儿童。"她认为环境是重要的教育内容,而且教育方法的许多方面也是由环境决定的。儿

---

[1] 约翰·布鲁德斯·华生著；李维译.行为主义[M].杭州：浙江教育出版社,1998.

童需要适当的环境才能正常发展，完善其人格。蒙台梭利根据儿童6岁以前的敏感期与吸收性心智，创设了一个以儿童为本位的环境，让儿童自己生活。这个环境是有准备的环境，其不仅仅是环境，还是儿童不久后将要面临的未来世界及一切文化的方法与手段，因此它必须具备如下条件。

充分发挥儿童的节奏与步调。儿童与成人在心理和生理方面差异悬殊，成人在一小时内的认知和感觉与儿童所体验到的截然不同。儿童以其特有的步调感知世界，获得很多成人无法想象的事情。儿童特有的节奏已成为他们人格的一部分。成人在复杂、多变的文化环境中生存时，必须加强保护儿童特有的节奏或步调所需的环境。

给儿童安全感。人类的孩子与其他动物的幼仔相比，成熟得更晚，因此他们更需要庇护，当孩子感到危险时，我们应用温柔、鼓励的眼神关注他们，才能使他们自由、奔放地行动。

为儿童提供可自由活动的场所与用具。儿童必须依靠运动来表现其人格，尤其是他们的内心一定要与运动相结合，才能够获得充分发展。因此，需要让儿童持续接触能——收集、分解、移动、转动、变换位置等可自由活动的用具与场所。

美对儿童是非常具有吸引力的，儿童最初的活动是由美引起的，所以围绕在儿童周围的物品，不论是颜色、光泽，还是形状，都必须具有美的感觉。

做出必要的限制。儿童的周围不可有太多的教材或活动的东西。太多的东西反而会使儿童的精神散乱迷惑，不知该选择何种教材或从事何种活动，以至于不能将精神集中在对象物上。为避免儿童因做不必要的活动而精神疲惫、散漫，教材及活动必须有某种程度的限制。

儿童的秩序感以2岁为高峰，其后的数年间，儿童的秩序是极特殊的，这个时期秩序感与儿童的关系就像鱼和水、房子与地基。事实上，儿童会以秩序感为中心，运用智慧进行区分、类比的操作，将周围的事物加以内化。如果没有秩序，一切事物都将产生混乱，儿童会因此失去方向感，所以秩序必须存在于有准备的环境中的每一部分。

与整个文化有连贯性。秩序存在于有准备的环境中的每一部分，就意味着秩序应包含于拓展儿童智慧的教材中。这种秩序可使儿童朝真实且正确的方向去努力，也就是儿童能认真、真实地生活。能够专注于自己世界内活动的儿童，才能在下一个阶段的成人世界中有序活动,而秩序应表现为在有准备的环境中与成人的文化世界相连。

（四）陈鹤琴的环境观

陈鹤琴先生认为,有怎样的环境,就能得到怎样的刺激,得到怎样的印象,并且教育上的环境,在教育的过程中,起着一定的作用。陈鹤琴先生还认为,小孩子生来都是好的,但是到了后来,或者是好,或者是坏,都是因为环境的关系。环境好,小孩子就容易变好;环境坏,小孩子就容易变坏。一个小孩子生长在诡诈恶劣的环境里,长大后也会变成诡诈恶劣的人;一个小孩子生长在忠厚勤俭的环境里,长大后也是忠厚勤俭的人。这是什么缘故呢?一个小孩子,他所看见的,所听见的,都是坏的印象,那他所表现的也是坏的;如果他在一种很好的环境里生长,他所听见的,所看见的,都是很好的印象,那他所表现的也是很好的。因此,他强调应给儿童创设良好的环境。他既反对室内空空如也、一无所有,也反对把图片、表格挂满整个墙头,花花绿绿的像是新开张的商店。那么,什么样的环境才是良好的环境呢?基于此,陈先生提出了审美的环境和科学的环境这两条标准。

（五）瑞吉欧教育中的环境观

瑞吉欧教育的目标就是创设一个和谐的环境,使在这个环境中的每一个幼儿、教师都感到自在、愉悦,生活幸福。瑞吉欧教育非常重视环境对幼儿发展的教育作用,明确提出了"环境是第三位教师"的幼教理念。

"第三位教师"是指环境对幼儿的教育作用是有别于教师和家长的,良好的环境可以与幼儿产生良性互动,从而发挥积极的教育作用。瑞吉欧教育取向的成功,不仅来源于环境中各个要素之间的积极配合,而且取决于环境中各个要素都具有教育的成分,充分地参与教育的过程,有助于幼儿间的互动,有益于幼儿的知识建构。

三、幼儿园环境创设的意义

幼儿园环境创设主要是指教育者根据幼儿园教育的要求和幼儿身心发展

的规律和需要，充分挖掘和利用幼儿生活环境中的教育因素，并创设幼儿与环境积极相互作用的活动情景，把环境因素转化为教育因素，促进幼儿身心主动发展的过程。幼儿园环境创设对幼儿发展具有重要价值。

（一）促进幼儿认知的发展

美国教育家杜威曾提出，一切知识经验都是在人与环境的相互作用中得到的，是通过活动获得的。也就是说，幼儿的认知是在与周围环境的相互作用中不断发展的。幼儿园环境作为幼儿发展的一种刺激条件，可以有目的地塑造幼儿的某些行为习惯。只要幼儿园环境创设具有明确的指向性，就可以影响或促进幼儿特定方面的发展。

根据幼儿的学习兴趣、内容，可以将学习成果展示在幼儿园的走廊、教室内，或是在环境中创设问题情境等，通过环境来激发幼儿的兴趣，呈现学习内容，延伸学习活动，从而发挥其功能。如可以做"大树妈妈"的玩教具（小朋友在彩纸上画、剪出各种树叶和小昆虫，贴在大树干上，并将作品进行展示）。

（二）促进幼儿社会性的发展

幼儿的社会化是指幼儿在一定的社会条件下逐渐独立掌握社会规范，正确处理人际关系，妥善自治，从而客观地适应社会生活的心理发展过程。幼儿社会性的发展是在一定的环境中实现的。幼儿与幼儿、幼儿与教师、幼儿与物质之间的交流少不了环境的支持介入。幼儿园环境的诸多方面，如环境布置的内容及其营造的氛围，活动空间的安排，活动材料的投放，等等，都会通过影响幼儿在交往过程中的情绪状态、交往对象的数量等来影响幼儿社会性的发展。例如，将幼儿园的教室内分隔成大小不同的区域，便于幼儿在人数不同的小组中进行合作式学习，使幼儿与同伴之间的沟通、竞争与合作更为容易；将区角内的各种工具、材料和设备放在幼儿触手可及的地方，让孩子们自由选择自己喜欢的材料，用自己喜欢的方式全神贯注地进行探索学习；在幼儿园的楼梯下、走廊尽头或是教室的一角设置私密空间，以满足幼儿独处的情感需要，当幼儿疲劳时、失败时、与同伴发生冲突时，可以到这个小空间里安静地休息，或与同伴谈心，使内心得到一种释放或安慰。这些都有利于幼儿社会性的发展。

另外，幼儿在与教师、同伴、家长共同创设环境的过程中，会与他们进行交流、合作，表达自己在遇到困难、疑问时的沮丧、郁闷，以及完成任务后的喜悦等。幼儿在这一过程中会逐渐了解人际交往的规范和技巧，进而逐步适应社会生活，实现个体的社会化。

（三）促进幼儿审美的发展

著名教育家陈鹤琴先生曾说过，环境艺术化是教育的一种手段。爱美是儿童的天性，如果我们能让幼儿一进入园内就置身于整洁、优美的环境中，得到一种美的享受，这对培养幼儿健康的审美观、理智感和道德感等都有很大的帮助。

幼儿的审美观具有明显的直观性，他们必须依赖自己看到的、听到的和接触到的直观事物，透过视觉留给孩子们的更多的是心灵的归宿感、亲切感、舒适感和喜悦感。因此，我们应该尝试通过创设富有审美情趣的环境来提高幼儿的审美能力。

以前，教师在环境的创设过程中比较注重童趣氛围和幼儿年龄特点这两方面，而较少考虑幼儿的审美需要，导致环境的布置显得单调且缺少变化，欠缺延续性和目的性。那么如何才能提高幼儿的审美能力呢？教师可以根据一定的主题内容创设适合本班幼儿年龄和兴趣取向的基本环境，在这个基本环境的基础上，增添具有"童心"的栩栩如生的形象，选择优美、淡雅的色彩和活泼的造型，营造富有童趣和想象空间的氛围，引导幼儿去看、去想、去说。以幼儿园中的基本环境为例，可在走廊墙壁上挂一些教师的手工作品和幼儿的美术作品，或在教室里贴一些师生共同制作的各种手工作品，力求做到内容与形式的统一，创造出具有意蕴的形式美，使幼儿在无声的教育环境中接受美的熏陶，获得美的感受，提高美的鉴赏能力。

四、幼儿园环境创设的要点

（一）了解幼儿喜爱的环境

教师是幼儿园环境创设的关键人物，但幼儿才是幼儿园环境的主人，所以在创设幼儿园环境时，必须了解幼儿喜爱什么样的环境。

幼儿由于其自身的特点，对环境的选择有自己的标准。幼儿教育的实践也表明，幼儿并不会对周围所有的环境都表现出热情，其对环境的选择带有明显的倾向性。他们喜爱以下几种环境。

1. 熟悉的环境

幼儿喜欢熟悉的环境。不熟悉的环境，如不熟悉的人或不熟悉的地方，容易使幼儿产生焦虑和害怕的情绪，而熟悉的环境可以帮助幼儿克服这种不良情绪。当一个陌生人出现时，幼儿如果在妈妈身边，特别是在妈妈的怀抱里，他就不会害怕。因此，在幼儿园的环境创设中，应尽量为幼儿提供熟悉且与幼儿生活体验相符合的环境，使幼儿对周围的环境消除陌生感，并喜欢投入这样的环境。

2. 新奇的环境

好奇是幼儿的天性，他们对一切新奇的东西，都想看看、听听、摸摸。正是通过这些具体的感触，他们接受了外界的信息刺激，从而逐步形成了他们最初的感知系统。但是，如果环境始终是单调、枯燥的，就会失去信息的刺激作用，他们就会对周围环境失去兴趣。因此，新鲜、奇特、生动的环境能够帮助幼儿不断地吸收信息刺激，促进其心理发展。根据这个特点，幼儿园环境创设如果能随教育要求的不同而有所变化，室内情景设置上也能经常变化，时有更新和创新，就能够引起幼儿持久的兴趣和喜爱。

3. 动态的环境

幼儿几乎对任何动态的环境都是感兴趣的，而他们自己正是构成动态环境最活跃的因素。幼儿期是身体发育最快的时期，运动是他们锻炼身体的一种客观需要。因此，幼儿园环境创设必须为幼儿提供充分的活动机会，让幼儿去接触变化的事物，以及观察事物变化的过程，为幼儿提供动态的环境和动态的教育玩具与教育情景。

4. 自然的环境

幼儿的年龄越小越喜爱具有自然色彩的环境，比如树林、花园、草地、动物园等。这有两方面的原因：①生理原因。由于年龄太小，幼儿不具备参与社会环境的生理基础，年龄越小，越对自然环境感兴趣。②遗传原因。人类是在自然环境中谋生的，我们的吃、穿、用都从自然界中索取，一刻也离不开能够提供给我们生存资源的大自然。这些作为一种遗传基因留存于幼儿身上。所以，幼儿特别喜爱的环境之一就是自然环境。

因此，在幼儿园环境的创设中，特别要注重挖掘空间的潜力，充分利用幼儿园中多余的、空闲的角落和场地，利用自然界所提供的沙、水、石、泥、动植物等，构建各种水坑、沙坑、泥坑、饲养角、植物角等，让幼儿能在自然的环境中，利用自然的材料进行活动，这样的环境往往深受幼儿的喜爱。

5. 富有情感的环境

一项心理学实验研究表明，幼儿有强烈的依恋需要，特别是母亲的抚摸、搂抱、亲昵，这对幼儿的正常发育是非常重要的。少了它就像饮食中缺少维生素一样，孩子会变得孤僻、急躁、心神不宁，甚至会发育不良，容易形成"儿童自闭症"。随着幼儿年龄增大，社会性行为增强，幼儿不满足于仅仅来自双亲方面的情感交流，而希望获得来自社会范围内的情感交流。这时，他们就对周围富于情感色彩的环境表现出浓厚的兴趣，而且产生强烈的介入愿望。特别是幼儿园中伙伴之间的情感交流、老师亲切的态度、成人的接纳态度，这些都是幼儿渴求的情感交流。因此，在幼儿园精神环境的创设中，教师要注意营造轻松、愉快、平等的人际氛围，尤其是要培养良好的师生关系和幼儿间关系。例如，老师经常和小朋友交谈，真诚地关心他们，使他们感受到"老师像妈妈"；小朋友之间讲友谊，提倡"玩具分享活动"等，满足幼儿对情感体验的需要。

6. 受鼓励的环境

幼儿由于其特定的生理和心理特点，对自身的言行往往缺乏评价能力，都是从周围人的评价中来认识自己的行为的。因此，鼓励的环境对幼儿来讲显得特别重要，它不仅能增强幼儿的自信心，而且对他们今后的发展会产生巨大的影响。在幼儿心目中，老师是很权威的，一句表扬的话能使幼儿高兴好长时间，并成为日后行为的动力。对幼儿来说，鼓励能使他们明确地感受到环境对自己的欢迎，能增强他们的自信心，并且由此产生的正强化效应将指导幼儿寻找到自己的努力方向，最终取得成功。

因此，幼儿园应最大限度地创设幼儿喜爱的环境，以求产生积极的教育效应。

（二）明确教师在幼儿园环境创设中的作用

幼儿园环境创设是师生共同参与的活动，教师在其中往往起着重要的作用。

1. 规划准备，提供环境

提供环境主要指教师根据现有条件，有目的、有意识地创设相应的为实现教育目标及促进幼儿发展所需要的环境。这不是简单地提供一种具体的环境和材料，而是要从幼儿发展的实际需要出发，为他们提供有益的信息来源、活动机会、活动情境及材料等。

（1）规划布局

规划布局是指教师运用相关知识技能和策略，结合现有条件，对环境的整体或某一场所的空间布局、平面设计、物品位置、设施设备、材料投放及相应的运用说明等，进行总体的考虑。在规划环境时应遵循兼顾全局、突出优势、讲求实效等基本原则。

（2）投放材料

投放的材料不是随意摆放的，它是根据教育目标的要求出现和更换的。材料是幼儿活动的对象，与幼儿的年龄特点、经验、能力和需要相适应，能激起幼儿学习的主动性，使他们在没有压力的环境中主动观察、独立思考，以及发现、解决问题。

环境的教育功能主要通过材料来表现，不同的材料能引发幼儿不同的活动。活动材料越丰富，形式越多，幼儿在操作过程中就越聪明、自信、大胆。

利用自然物品和废旧物品是丰富环境材料最经济、最实用的方式，教师要发动家长和幼儿一起在生活中收集这些材料，但必须注意幼儿的安全，把幼儿的安全放在首位。

材料是否有趣、可变、可操作，对幼儿能否主动参与操作有很大影响。教师应提供有趣的、能激发幼儿探索欲望的材料，如科学区的多棱镜、磁铁、翻板、石磨、水瓶、沙漏、小家具、奇妙的转盘等。又如生活角的多功能包，计算角的溜溜棋、多变几何体、七巧拼板，等等。所有既有趣又能让幼儿做做玩玩的材料，都能增强他们学习探索的兴趣。

材料的投放要考虑不同班级幼儿不同的需要、能力，要面向全体幼儿。每个幼儿的发展水平都是不一样的。不同的幼儿有不同的兴趣、爱好和个性，甚至同一年龄的幼儿，他们之间也存在能力上的差异，而且发展速度也不一样。所以教师在提供材料时，千万不能"一刀切"，应该通过观察，评估每一个幼儿的发展状况，为不同发展水平的幼儿提供不同层次的材料。既要考虑"吃不了"的幼儿，又要兼顾"吃不饱"的幼儿，使每一个幼儿都能在适宜的环境中获得发展。

教师投放材料的丰富程度直接关系到幼儿的活动质量。投放的材料如果丰富，能促使幼儿尽兴尽情地"研究"他们的世界。投放的材料应该是丰富多彩的，然而，丰富的材料并不等于越多越好。幼儿的注意力具有不稳定性，过多过杂的材料投放尽管能吸引幼儿的注意力，但也易造成幼儿玩得分心、玩得眼花，一会儿拿这个玩玩，一会儿拿那个玩玩，只学会了拿起一物，摆弄片刻，然后丢弃，又另换一物，如此这般，显然与教师投放材料的初衷是相悖的。因此，教师在投放材料时，应考虑材料与活动目标的关系，做到有的放矢，加强材料投放的针对性、目的性和科学性，并依据对幼儿活动的观察，分期分批地投放，定期更换与补充，使幼儿对环境材料始终保持新鲜感和探究的欲望。

（3）布置环境

环境创设仅仅由教师单方面策划、忙碌、布置好之后，对幼儿说声"请进"的做法是会在无形中扼杀幼儿的主体性和参与精神的。要让幼儿真正成为环境的主人，就应让他们参与环境的具体布置。参与布置会使幼儿觉得自己受到了重视，同时幼儿参与布置的过程，也是幼儿学习的过程。

教师心中要装着教育目标，在此前提下让幼儿参与环境布置内容的选择和设计，征求幼儿的意见，采用幼儿的一些想法，在了解幼儿意愿的基础上进行适当的引导，使幼儿与教师的意见逐步统一，最后确定环境布置的内容。

在环境的布置中教师不要包办代替，应更多地让幼儿动手参与。当然，幼儿参与并不意味着教师可以袖手旁观，教师应该成为一名很好的观察者和引导者，在幼儿意见有分歧时进行适当的调解，当发现幼儿有困难并真的需要帮助时伸出援助之手。幼儿通过动手、动脑，在参与环境布置的过程中，可以获取新的知识经验，培养自己的动手能力，真正成为环境创设的主人。此外，幼儿对自己布置的环境也有一种特殊的亲切感，这样会激发他们更好地与环境互动。

2. 引导互动，控制环境

准备或提供了一个好的环境并不等于万事大吉了。这个环境能否按预期的计划取得良好的效果，幼儿能否充分地利用环境中的条件，能否在活动中真正得到发展，还要看教师能否营造环境的气氛，能否有效地控制环境。

教师控制环境的作用是指教师能利用环境来激发和保持幼儿的活动积极性，能帮助幼儿利用环境中的条件来发展自己。大致有这样几个环节：诱导幼儿进入活动；帮助幼儿展开活动；指导幼儿解决纷争、困难或情绪问题；帮助幼儿结束活动。在每个环节中，教师都使用"直接"和"间接"的教育方式，灵活地变换角色，促进幼儿与环境中的人际因素和物质材料有效地互动。

环境创设的最终目的是有效地激发幼儿发现的欲望、探究的兴趣，实现幼儿的主动发展，因此，在环境创设的过程中，教师应把重点放在引导幼儿产生与环境互动的效应上。无论是师生共同准备和创设的环境材料，还是教师根据教育目标提供的环境材料，都应积极支持、鼓励幼儿进行探究和操作活动。在指导幼儿进行探究和操作活动时，教师要转变以往检查者的角色，把精力从检查玩具是否丢了、东西是否乱了、幼儿之间是否发生矛盾了等方面转到关注幼儿的探究、操作活动上来，关注他们的兴趣和需要，正确判断他们现有的发展水平，鼓励他们向更高的水平发展，这样才能真正发挥环境教育的价值、功能，体现《幼儿园教育指导纲要（试行）》的精神。

环境创设的目的是引发和支持幼儿与周围环境的积极作用，怎样启发、引导幼儿积极参与，幼儿怎样参与，这便是教师在创设环境时所要思考的最重要的问题。在这个过程中，教师对孩子需求的敏锐发现和引导、支持，环境创设的视角和选择材料的扩展，等等，都是孩子在环境中获得经验的重要因素。

3. 动态把握，调整环境

环境的提供与规划并不是一成不变、一劳永逸的。因此，教师在环境创设过程中还应发挥调整环境的作用，即根据环境因素的变化与幼儿的发展，及时地对现有的环境材料进行调整，具体包括：随时补充新的环境条件；协调环境与环境、环境与人、人与人之间的相互关系；控制环境教育中的不利因素；不断完善原有的环境规划方案及环境中的活动方案等。这要求教师对幼儿园环境中的所有信息都具有动态把握的能力，注重创设动态环境。

在幼儿园环境创设中，教师要根据幼儿发展的需要不断更新、变化环境，使环境与幼儿之间形成动态的平衡。如发现有的区角幼儿很少光顾，就说明该区角应该进行重建或撤销；发现幼儿经常争抢玩具材料，就说明要增添材料了。

在材料投放上，教师也要经常通过观察幼儿的操作过程和发现幼儿个体差异，适当进行层次更换，只有这样，才能满足不同水平幼儿的发展需要；才能更好地体现幼儿的个体差异，突出教育重点；才能更好地促进幼儿通过环境和材料的互动构建新知，达到幼儿实现自主发展的目的。

当幼儿自主选择操作材料时，教师应当成为一名细心的观察者，通过观察和参与游戏，从孩子的操作中发现新问题，产生新思考，从而使下一次的材料投放和环境创设有更明确的目标和针对性。

（三）有效发挥环境的教育功能

环境创设过程中要注意发挥环境的教育功能，实现教育功能的最大化，贯彻效用性原则应把握以下几点。

1. 因地制宜，充分利用三维空间

任何环境的创设都必须从实际出发，由于每所幼儿园的建筑、地形、地貌、周边环境以及总体设计是不同的，因此在处理手法上不能千篇一律，必须因地制宜、多方构思，充分挖掘、利用现有的三维空间，构建富有特色的幼儿园环境。

三维空间包括室内外的地面、墙面和空间，教师应尽可能地利用这些空间为幼儿提供接受各种知识或信息刺激的机会和条件，以促进幼儿无意识学习的能力，使其在幼儿园的日常生活中，不知不觉地接受熏陶、吸收知识。

在室内外的地面和墙面可画上各种图形、迷宫，涂写上颜色或数字、字母。增加幼儿接受信息刺激的机会和供幼儿游戏使用，并通过游戏帮助幼儿巩固学过的知识或得到某方面的锻炼。

空间布置通过在空中吊挂各种具有教育性和装饰性的物品来实现，且更换方便。一年当中有许多节日，而且有的相距时间较短，其布置花费时间较多，用便于更换的空间布置去配合节日的主题教育是最好不过的了，如中秋节的灯笼，国庆节的国旗、国徽等。

除墙面布置外，还可在室内外开设绘画区、拼图区、自然风景区、作业展览区、天气记录区等，充分发掘可操作性强的布置形式，并根据教育需要灵活更换用途或内容。

2. 合理布局，发挥环境的综合功能

要重视各活动区域之间的相容性。相容性是指在规划活动区时要考虑各个区域的性质，尽量把性质相似的活动区安排在一起，以免相互干扰。美国学者布朗把活动区的性质描述为静态、动态、用水、不用水等特性，并把活动区分为四大类：①静态、用水的，包括自然区、手工区、美工区；②动态、用水的，包括玩沙区、玩水区；③静态、不用水的，包括图书区、数学区；④动态、不用水的，包括音乐区、"娃娃家"、积木区。因此，教师应尽量把性质相似的活动区放在相邻的位置，如把安静的以阅读活动为主的图书区和以动脑子为主的数学区放在一起，把以操作活动为主的积木区和"娃娃家"放在一起，等等。同时还要注意，需要用水的活动区应靠近取水处，自然区和图书区等需要明亮光线的活动区应靠窗户，等等。

3. 多功能化，提高环境的使用效率

在环境创设中要善于打破思维定式，尽可能实现一地多用、一室多用和一物多用，充分发挥环境的综合功能和内在潜能，努力扩大现有环境的利用效率。

五、幼儿园环境创设的基本程序

（一）了解环境的类型、特点及用途

幼儿园环境有多种类型，有室内环境、室外环境，有生活环境、学习环境和游戏环境等，不同类型的环境特点不一样，功能不一样，创设的方式和重点也不一样。在环境创设中，教师要先区分环境的类型、特点和用途，进而有针对性地、科学地加以创设。比如，睡眠室是生活环境，是幼儿睡觉的场所，所以应以安静舒适为原则，房间色调以浅色为主，摆设要简单，要有足够通风的窗户，并配有深色窗帘等，为幼儿睡觉提供良好的环境。

（二）明确环境创设的目标、内容及形式

幼儿园环境创设是一种有目的、有计划的活动。无论是整个幼儿园的综合环境布置，还是一个班活动区的设计，都要有明确的目标。教师在动手创设之前，要尽量弄清楚建立怎样的环境，达到何种目的，布置的环境会对幼儿产生

怎样的影响。

以区域环境为例,区域是教师有意识、有目的地为幼儿的游戏和学习活动创设的多种智能领域的环境,如幼儿园常见的语言学习区、生活动手区、科学探索区、结构建造区、艺术表现区、玩沙玩水区等,这些区域的目标是不一样的。语言学习区是为了发展幼儿的语言表达能力,艺术表现区是为了培养幼儿的艺术感受力和表现力,所以各区域环境的内容和形式也不相同。

(三)分析现状并规划环境空间、设计材料

现状包括幼儿的现状和环境的现状。幼儿的现状包括幼儿的年龄特征、本班幼儿的特点、幼儿本阶段的需要和发展水平;环境的现状包括现有的设施设备、场地面积、环境利用情况和问题等。通过对这些问题进行分析,来规划环境和设计材料。

(四)创设环境并观察、记录环境的效用

根据环境规划创设相关环境,并注意观察、记录幼儿在环境中的表现和环境的利用情况,在动态中不断调整、完善环境创设。

(五)评价与改进环境创设

创设的环境是否成功,通常要通过检查、评价来判断。幼儿园环境的评价是一个复杂的概念,有极其丰富的内涵,涉及诸多方面,如环境外观是否能充分体现内在功能,物质材料搭配是否合理、协调,是否体现一定的教育观和时代审美观,幼儿在环境中的活动状况如何,等等。检查、评价是为了掌握方案的执行情况,以便及时发现环境中存在的问题,并做出相应的调整。

1. 及时性调整

一旦发现环境中的安全隐患,应立即进行调整。

2. 弥补性调整

发现环境中的某些不足或缺陷,应设法采取弥补措施,以便更好地发挥环境的功能。

3. 经常性调整

有的环境布置不是一次就能完成的,必须不断地进行动态性调整,以保持

环境的舒适、美观和新颖。比如，活动区使用一段时间后，教师就需要根据计划进行调整或更新，拿走一些旧材料，增加一些新材料。

4. 功能性调整

把构成环境的诸要素重新进行有机、适度的组合，以充分发挥环境的各种功能，提高环境的利用率。

第二节　幼儿园环境创设的基本原则

环境创设已经成为当前幼儿园教育领域的一个焦点问题，近年来得到了多方的高度重视，幼儿园环境创设相较于以往有了很大改善，但当前幼儿园环境创设仍存在一些问题，主要表现为"五重五轻"：一是重观赏，轻教育。只图表面上的漂亮、花哨，而忽视了环境的文化内涵和教育意义，环境创设千篇一律，没有明确具体的教育目的。二是重教师，轻幼儿。环境创设教师动手多，孩子动手少；从成人角度出发多，从孩子角度出发少。三是重购置，轻创造。墙饰材料、教具玩具、室内设施外面买的多，自己做的少；成品材料多，半成品材料少；高档次材料多，废旧材料少。四是重静态，轻动态。环境设计静止不动的多，活动的、可更换的少。五是重物质，轻精神。只看重幼儿园物质环境的创设，忽视了人际关系的建设，忽视了师德师风的培养，忽视了园风班风的形成。这些都极大阻碍了环境对幼儿发展的促进作用。

幼儿园环境创设需要因地制宜，因园而异，具有较大差异性。虽然幼儿园环境创设与管理具有一定的地域性和差异性，但是为了提高幼儿园环境的实效性，各地幼儿园在创设环境时也需要遵循一些基本原则。

一、安全性原则

安全性原则主要是指幼儿园的园舍建筑、设施设备、活动场地、教玩具等有形的物质条件必须符合国家的安全卫生标准,对幼儿的身体和心理没有安全隐患。幼儿缺乏必要的知识和经验,自我保护能力差,所以在环境布置时一定要把安全放在第一位。在一个安全的环境中,幼儿的生命及发展才能得到保证。因此,创造一个幼儿成长与学习的安全环境是最基本的原则。

在创设安全的幼儿园环境时,教师必须顾及幼儿身心两个方面。心理安全是指要让幼儿感到自己是受欢迎、受尊重、受信任的,能够感受到爱与温暖;身体安全必须注意环境中明显或潜在的会对幼儿身体造成伤害的因素。

关注幼儿的心理安全,要营造一种轻松愉快的人际氛围,让幼儿能深切地感受到教师是很关心和爱护他的,让幼儿能在幼儿园得到大家的尊重和喜爱,感受到像在自己家里一样的温暖;否则,会对幼儿的心理造成不良影响。

关注幼儿的身体安全,要及时消除幼儿园中的一些安全隐患,如幼儿园内的房舍和所提供的大型玩具应定期检修;活动材料不能有尖角;电源开关、插座应安装在幼儿够不着或不容易接触的地方,并且要加上防护罩。注意物品摆放的位置是否合适,还要注意创设材料对幼儿是否具有不良影响,如用废旧物品制作的玩具是否会对幼儿造成伤害,安排的场地空间是否会让幼儿感到压抑等。另外,还要教育幼儿不要接近危险的地方,如电源插座、电线等。幼儿园全体教职员工要时时处处把安全放在首位,要经常开展各种活动,寻找既寓教于乐,又能提高幼儿自我保护意识的方法和途径。

二、适宜性原则

适宜性原则是指幼儿园环境创设要符合幼儿的年龄特征及身心健康的需要,能促进幼儿全面、和谐的发展。

幼儿正处在身体、智力迅速发展以及个性形成的重要时期,有多方面的发展需要。幼儿园环境创设应与幼儿身心发展的特点和需要相适应。比如,幼儿天性好奇,有强烈的探索愿望,教师就应为幼儿创设问题情境,使幼儿能学习发现问题、解决问题的方法,提高思维水平和动手能力;幼儿需要阅读,就应提供各种各样的图书,开阔他们的眼界。教师要根据幼儿身心发展的特点与需要,提供多层次、多方面的教育内容与教育条件,既有利于幼儿的生理发展,又有利于幼儿的心理发展;既有利于幼儿智力因素的培养,又有利于幼儿非智力因素的培养；既有利于幼儿各种知识经验的积累，又有利于幼儿各种能力的培养。比如，小班幼儿喜欢玩平行游戏（即幼儿各玩各的，彼此玩的游戏相同），提供的玩具就应该同品种的数量多一点；中、大班幼儿玩象征性游戏的水平较高，提供的玩具材料就可以是一物多用的。此外，幼儿的小肌肉动作发展较差，可提供串珠、拼插、剪贴等方面的材料，让幼儿进行练习；有的幼儿大肌肉动作发展差，就提供脚踏车、攀登架等，让幼儿进行练习。

幼儿的身心特点和发展需要会随着年龄的增长而发生变化，因此环境创设不是一次就可以完成的，它是一个"设计→实施→修正→再实施→再修正"的螺旋式发展过程。因此，环境创设是一个动态的过程，需要根据幼儿的兴趣、发展、需要、课程内容的不断深入、主题的更换，以及季节、节日的变化等有的放矢地变化环境，让环境更好地为幼儿的成长服务。

总之，环境必须适合幼儿的年龄特征，适合幼儿的身心发展水平，适合幼儿兴趣、能力、学习方式等方面的个别差异，否则环境的教育性将成为一句空话。这要求教师：第一，要对幼儿身心发展的特点有透彻的了解，既要了解一般特征，又要了解个别差异；第二，对构成环境的各种因素的教育和发展价值有充分的了解；第三，具有灵活的调控环境的能力，这样才能让环境不断地满足每个幼儿的需要。显然，发展的适宜性要求环境中的人际关系是宽松、和谐、自由的，且物质材料具有多样性、活动性、安全性，即幼儿能在环境中轻松愉快、安全地进行多种多样的活动，能根据自己的水平或特点自由地选择不同水平的活动，能用多种方法进行某一活动，等等。

三、教育性原则

教育性原则是指环境要为幼儿园教育服务。著名教育家蒙台梭利说过，在教育上，环境所扮演的角色相当重要，因为孩子从环境中吸收所有的东西，并将其融入自己的生命之中。幼儿园环境是幼儿园课程的一部分，是实现幼儿园教育目标、促进幼儿全面发展的途径与手段，教师要充分发挥环境的教育功能，以达到促进幼儿全面发展的目的。过去有的幼儿园虽然也重视环境创设，但很大程度上只是追求美观，为的是布置环境，或者只是盲目地提供材料，对环境的教育性考虑很少，这是应引起教师注意的问题。要贯彻环境的教育性原则，应该考虑以下几点。

（一）环境创设要有利于幼儿身心的全面发展

幼儿园教育的目标是促进幼儿的全面发展，因此，在环境创设时对幼儿体、智、德、美的教育就不能顾此失彼。如果教师仅仅注重幼儿的认知活动，设置读、写、算等区域，而缺少幼儿健康、社会、审美教育等环境，或者在创设发展幼儿社会性的环境时，只提供培养幼儿社会认知的环境，而对幼儿社会情感、社会行为发展的环境考虑很少等，这些都不利于幼儿的全面发展。

（二）依据幼儿园教育目标对环境设置做系统规划

在制订学期、月、周、日及每一个活动计划时，当教育目标确定后，应考虑为了达到这些目标，需要有怎样的环境与之配合；现有的环境因素中哪些因素对教育目标的实现是有用的，可以利用的；哪些环境因素是要创设的，需要幼儿家庭、社区做哪些工作；等等，应将这些列入教育计划并积极实施。

（三）挖掘日常环境中的教育功能

尽可能地挖掘和利用日常环境中的教育功能，让环境"说话"，使所创设的环境真正与孩子发生互动，对幼儿进行生动、直观、形象的教育。

四、参与性原则

参与性原则是指幼儿园环境创设的过程是幼儿与教师共同参与合作的过程。幼儿是环境的主人，幼儿园环境的创设应尊重幼儿在环境的设计、支配和管理方面的主体地位。教育者要有让幼儿参与环境创设的意识，认识到幼儿园环境的教育性不仅蕴含于环境之中，而且蕴含于环境创设的过程中。

在幼儿园环境的创设中，有人认为幼儿年龄小，不会做事，与其让他们参与环境的创设，不如教师直接创设，既省事，又能保证质量。其实这是一种很片面的理解，让幼儿积极参与幼儿园环境创设的过程对幼儿能力与情感的发展有非常积极的作用。如在环境创设之前，幼儿会动脑去思考：需要布置什么内容，需要装点成什么颜色，需要哪些材料，材料怎么搭配等问题。这些问题的呈现和解决能充分调动幼儿思维的积极性，在思考的过程中既能发展幼儿的主体意识，又能培养幼儿的主体精神。在环境创设过程中，幼儿会思考如何更好地完成任务，这对培养幼儿的责任心很有益。同时，具体的创设制作活动又能发展幼儿的动手能力，培养幼儿的合作精神。

在参与环境创设的过程中，幼儿由单纯的倾听者变成计划者、参与者，能充分认识到自己的能力，意识到自己是环境的主人，人人出谋划策，人人都来承担自己的一份责任；能增强任务意识，真正展示和发展有目的地学习知识和技能的能力，分工合作、讨论、决策的能力和发现、解决问题的能力。

五、审美性原则

审美性原则是指环境的总体布局及所布置的物品都要符合幼儿的审美要求，要让幼儿从环境创设中感受美、体验美、创造美。从使用的材料、运用的色彩、构思布局几个方面入手，让环境给人以温馨、舒适的感受。

幼儿的世界应该是美丽的，在幼儿园，幼儿眼睛看到的每一处风景、每一个角落都应该是美的。幼儿容易受周边环境潜移默化的影响，一种经过精心修饰又不露痕迹、源于自然的美，能让他们的眼睛在纯美的色彩的无数次浸染之后，变得懂美、爱美；能让他们的双手在创造美的过程中，变得灵巧；能让他们的心灵在无数次欣赏之后，变得纯净美好。

因此，幼儿园环境创设首先应给人以美的感受，如室内、室外墙饰画面的人物或动植物要形象逼真，色彩搭配要协调，布局要合理，所有创设内容都应富有儿童情趣，以培养幼儿的审美情趣。

（一）幼儿园环境在色彩上，要给幼儿以美的视觉享受

幼儿园中的图画色彩宜单纯、接近自然，这样的色彩能令单纯的孩子们产生丰富的想象：广袤无边的绿色草原，茂密的森林，辽阔的蓝天，飘浮的白云，蔚蓝的海洋和可爱的小动物们。这些单纯源于自然的色彩，能使阅历尚浅的幼儿产生共鸣、易于理解，便于他们欣赏、借鉴、表现。幼儿喜爱明快的色彩对比，活泼好动的幼儿可以从中感受到色彩变化的节奏和共振。在为幼儿创造色

彩对比、跳跃的同时，应考虑画面的整体美，采用较大的浅色块支撑，可使画面既有局部美的变化，又有整体协调感，使环境更艺术化。

（二）幼儿园环境装饰中的造型要符合幼儿的审美特点

幼儿园环境中的绘画造型应有自身的特点，即符合幼儿的审美特点，这样才能感染幼儿。圆浑、敦实、稚拙、简单的造型最能吸引幼儿，因为尚未完全走出视觉模糊阶段的幼儿，对圆浑的造型能淋漓尽致地感知；敦实、稚拙的模样会令他们产生更多的关注和怜爱；简单的美术造型能让注意力不持久的幼儿较快地感知。设计的作品在造型上如果有一些出彩之处——一些幽默、活脱的细节，如滴着口水的舌头、露着的大门牙、小得不能再小的豆眼、张嘴的大头靴等会令观赏中的孩子们久久不愿离去。同时，由于造型简单，绘画起来相对容易，更符合幼儿园环境布置内容多、更换周期短的现实情况。

第三节 幼儿园环境创设的基本方法与材料

一、幼儿园环境创设的基本方法

（一）讨论法

讨论法是指在环境创设中，教师引导全班幼儿或部分幼儿通过讨论的方法，集思广益，相互启发，选择或确定环境创设的主题和内容，以及与环境和材料互动的方法。

幼儿园环境创设的主题和内容往往是从幼儿感兴趣的日常活动中派生出来的。比如幼儿对教育活动中的某个主题活动特别感兴趣，教师就可以因势利导，引导幼儿对这一主题的内容进行讨论，派生出有关这一活动的墙饰、窗饰、门饰或者区域活动布置。

教师在运用讨论法时要注意：①最好在幼儿已具备感性经验的基础上进行。②讨论的问题要围绕环境主题，且主题应具体明确。③在讨论中要让幼儿敢于发表自己的看法并善于倾听同伴的回答。

（二）探索法

探索法就是让幼儿在环境创设中通过自己发现问题，独立地解决问题，自行获取知识。这种方法可以培养幼儿学习的内在动机，提高他们与环境和材料交往的积极性。

例如，某班在搬迁活动室时，教师事先把那些精美的壁画和墙饰都拆除掉。当幼儿来到活动室时，面对空荡荡的活动室，他们产生了和教师一起布置墙面的想法，这个想法得到了教师的赞同和支持。教师当即鼓励幼儿设计自己感兴趣的、想表达的内容。通过绘画、粘贴、剪贴等方式，幼儿布置墙面的积极性提高。同时，在这个过程中，幼儿学到了绘画、手工等多方面的知识，锻炼了动手动脑能力。随着墙饰内容的不断增加和变化，幼儿的创新意识和探索能力也在不断提升。

教师在运用探索法时要注意：①创设的环境和提供的材料是幼儿力所能及的。②幼儿的独立探索应与教师的指导结合起来，使幼儿探索的内容不断深化。③教师要在幼儿探索的过程中帮他们分析所探索的问题与已知事物之间的联系。④教师要指导幼儿组织已有知识来促成探索，以提高幼儿探索的兴趣和质量，帮他们树立解决问题的信心。

（三）操作法

操作法是教师指导幼儿动手操作，让幼儿掌握知识、技能技巧和习惯形成的基本方法。

操作法在环境创设以及交往中被普遍使用。在幼儿操作过程中，教师要养成观察幼儿操作材料的习惯，找到了解个别幼儿的能力、技巧和情感的线索，逐渐了解幼儿在挖掘自己潜能的过程中达到了何种程度，激发了什么兴趣，表现了哪些弱点，以便教师更加清楚如何提供合适的材料和机会来不断满足幼儿的兴趣和需要。

教师在运用操作法时要注意：①鼓励幼儿动手操作。②对操作提出不同的要求，哪怕是在原来操作的基础上稍稍提高一点。③允许幼儿操作错误，同时引导幼儿纠正错误操作。④操作的方式要多种多样，避免简单机械地重复。

（四）评价法

幼儿园环境的评价是对环境质量的评价，包括对幼儿适应环境的评价，对幼儿的环境创设和互动行为的评价，对教师环境创设效果的评价。

教师在运用评价法时要注意：①支持幼儿按照自己的想法作用于环境。②促使作用于环境的结果为幼儿所感知和体验。③用启发性和互动性的方式引入新经验。

二、幼儿园环境创设的材料

（一）材料的类型构成

我们可以按照以下方法划分材料类型。

按材料的来源可以分为生活中可以利用的废旧材料，周围环境中可以利用的零星材料和按需要购置的材料等。

按收集的途径可以分为幼儿自己寻找的材料，幼儿家长帮助收集的材料，幼儿教师收集的材料，幼儿园已有的材料，幼儿园新配备的材料等。

按材料的材质可以分为纸类、布类、塑料橡胶类、木类、金属类等。

按材料的成型情况可以分为原材料、半成品材料、成品材料、辅助材料等。

按材料的最终表现形式可分为操作所用材料，制作展示材料等。

（二）材料的配备要求

多种类：可以是纸类的（如纸盒）、布类的（如口袋）、木类的（如积木）、塑料类的（如插塑玩具）、泡沫类的（如泡沫块）、蔬果类的（如萝卜）、贝类的（如螺蛳壳）等。

多质地：可以是光滑的（如镜子）、毛糙的（如沙子）、硬的（如石子）、软的（如橡皮泥）等。

多色彩：配备的材料要色彩丰富、鲜艳，要能吸引幼儿的注意和兴趣。

多功能：配备的材料要便于幼儿操作，在操作过程中易于变化，在激发幼儿操作欲望的同时，还能激发幼儿的想象力和创造力，满足幼儿不同层次的操作活动需要。

可以说，种类繁多、质地不一、色彩丰富的材料，为幼儿园环境创设和幼儿操作游戏提供了广阔的空间。

（三）材料的投放要求

1. 材料的投放要求

（1）以物代物

创造性是主体性的一种极其重要的表现，材料投放的技巧对幼儿创造力的培养和发展起着重要的作用。以物代物的材料，比许多现成的玩具更能激发幼儿对现实生活的想象，更有助于发挥幼儿的主动性、积极性和创造性。如根据幼儿知识经验和游戏的需要，为他们提供一些诸如冰棒棍、洗衣粉桶、饮料瓶（罐）、白纸、包装盒等，引导幼儿利用这些物品创造性地玩自己喜欢的游戏，既能发挥幼儿的主体性，又能培养幼儿的想象力和动手操作能力。

（2）注重差异

幼儿的发展水平是有差异的，幼儿心理发展水平不同，对环境材料的要求也不同，因此教师为幼儿提供的材料必须考虑到不同层次幼儿发展水平的需要。如在组成游戏"袋鼠妈妈"中，可以看总数找点子分合式，也可以看点子找数字分合式；可以让幼儿自己填分合式中某一部分数，也可以是总数，分合式让幼儿自己填写。这些难易不同的操作材料，可以充分满足不同发展水平幼儿的需要，让每个幼儿都获得成就感，在各自原有的水平上有所发展。

（3）创新材料

当幼儿已经掌握了已有材料的不同操作方法，不再对已有材料产生兴趣的时候，教师应考虑及时投放新材料。同时，引导幼儿开放性、创造性地使用各种材料，加强操作的趣味性。如一个纸盒，在"娃娃家"活动中，幼儿可以把它当成电视机；在手工区活动中，幼儿则把它装饰成机器人；在数学区活动中，幼儿可用它来做积木；在语言区活动中，幼儿把它当成讲述用的小火车车厢等，幼儿可以按照自己的意愿大胆想象和使用已有的材料。

（4）就地取材

在幼儿园区域活动中，身边的、可反复操作的材料更容易激发幼儿操作的兴趣和欲望。如在一些幼儿园，幼儿用松果镶嵌成鳄鱼、刺猬、仙鹤，用稻草搓绳、扎稻草人，用黏土做自己喜爱的玩具，用竹子编结，用树叶粘贴工艺品。这些材料来源便捷，种类多，成本低，幼儿熟悉且喜欢。

2. 教师在选择和投放材料时应注意的问题

提供数量足够的材料，强调材料的共有性和分享观念；提供可以互助合作活动的材料；提供可以操作探索活动的材料；提供可以延伸集体活动的材料；提供可以让幼儿讨论和扮演角色的材料。

（四）材料的安全与使用

1. 材料的消毒与安全

使用前对材料进行检修，确保材料的牢固，不使用农药容器。保证材料坚固性比较好，不容易破碎，无锐边利角，无毒，无细小零件脱落，无碎片或钉子等安全隐患的存在。

尽量做到轻巧、美观，容易保持清洁，可以清洗，可以消毒，符合卫生要求，保证幼儿在与材料的接触和操作时的舒适感。在利用自然物时，避免接触有毒植物。需要嘴部接触的材料（如吸管），卫生要保证，数量要充足，以免幼儿在使用和交叉使用中沾染疾病。

2. 材料的开发与使用

（1）材料的开发

《幼儿园教育指导纲要（试行）》中提出，充分利用自然环境和社区的教育资源，扩展幼儿生活和学习的空间。宜兴张渚镇是一个四周群山怀抱、竹木葱茏、茶园飘香的地区，该镇的幼儿园教师动脑筋、想办法，选用一些随手可得的自然材料和可利用的废旧物品，和幼儿一起设计制作了一大批具有山区特色的、经久耐用的、深受幼儿喜爱的器材和玩具，他们用竹子制作的竹高跷、竹车、竹梯、竹马、拉力器、竹圈等，丰富了幼儿园的玩具类型。

引导幼儿自制玩具，加强对玩具的开发研究，也是幼儿园环境创设的一个重要方面。区域中的游戏活动离不开玩具，它是游戏的工具，是游戏的物质支柱。我们主张游戏玩具的开发应当建立在收集自然物，以及生活中无毒、无害、废旧、半成品等材料的基础上。自制玩具对于幼儿来说是一种力所能及的、愉快的操作活动，它将比教师教导的活动更能引发幼儿的心智反思，而且自制玩具是随着游戏的需要而产生的，伴随游戏的发展而发展，因而它总是能符合幼儿的愿望。

对于幼儿的自制玩具，可以专门在活动室设置一个幼儿自制玩具的区域，在这个区域里投入由教师和幼儿共同收集的自然物和废旧材料，可以让幼儿自由选择材料制作各种玩具，也可以引导幼儿根据游戏的需要制作玩具。

（2）材料的使用

人手一份：材料是幼儿活动的媒介，凡是参与活动的幼儿必须每人拥有一份操作材料。

数量适宜：材料过多会分散幼儿的注意力，影响幼儿活动的质量。数量适宜的材料才能保持幼儿活动的兴趣。

逐渐出现：提供给幼儿的许多材料在结构和操作要求上是有差异的，教师不能一下子全部分发给幼儿，而应根据材料操作的难易程度逐步投放。

先看后玩：当幼儿接触新材料的时候，要养成先看后玩的习惯，以避免幼儿一下子失去对材料的探索欲望和兴趣。这里的"看"，是指对材料的外形、构造、质地、玩法、功能等的了解，在幼儿无法了解的时候，教师应及时介入，给幼儿提供适当的帮助。

自己取放：从小班开始，教师就要注意养成幼儿自己取放材料的好习惯，并逐渐让幼儿自己管理区域中的材料。

第三章 幼儿园玩教具的选择与运用

第一节 幼儿园玩教具选择的原则

一、玩具选择的原则

玩具是儿童的教科书,是儿童游戏的工具,是儿童的亲密伴侣。它既包括从商店买来的玩具,也包括由教师、家长和幼儿利用半成品、废旧物品制作的自制玩具。著名儿童教育家蒙台梭利认为,儿童的本质即工作(活动),工作即游戏。玩具就是儿童工作的材料,有玩具,其工作才不致落空;有玩具,才能引起儿童工作的兴趣,也才会专心地去操作学习,也才能帮助其自我建构与神经发展。因此,玩具的提供与应用直接关系着儿童学习的效果。这充分说明选择玩具的重要意义。

(一)安全性原则

玩具是儿童的好伴侣,能给幼儿带来无穷的乐趣,但稍不注意就可能带来伤害,甚至危及幼儿的生命。

在婴儿能翻身或爬行之前，在他睡觉时不要将有填充物或吹气的玩具或任何大型的软性物品留在婴儿的床上，以免造成窒息。对于木制的、金属制的及塑胶质的玩具，要检查材料的坚固程度，必须是不会破裂，并且边、角均已磨圆，表面光滑无棱角，无木渣、铁刺，没有钉子，不会割伤幼儿的；玩具的零配件应结实，特别是绒布玩具，要检查纽扣制的眼睛与耳朵是否容易脱落，避免幼儿将其误入食道、气管或塞进耳孔、鼻孔；玩具的材料及颜色应无毒，所有供5岁以下幼儿玩的上面有油漆或喷了漆的玩具，都必须在标签上注明所用油漆的含铅量低于1%或无毒，避免幼儿误入嘴里而中毒；玩具应易于消毒，幼儿公用的玩具易成为传播疾病的媒介，特别是用口吹的气球、哨子、口琴等；含有液体的玩具，要时常检查是否破裂。由于玩具材料性质的不同，附着在玩具上的细菌数量也不一样。皮毛质的、毡质的玩具都不易消毒且带菌数高，不应给幼儿玩耍。另外，马达或发条装在外面的玩具也不宜给幼儿玩，不可让幼儿玩爆竹、化学药品、挥发性物质或有高压电的设备，如强力胶、树脂都是剧毒且可致癌的物质；激光管、阴极射线管及无线电机，如果没有防护罩，都会发出大量的辐射线；不宜为幼儿提供会导电的线放风筝等。室外的运动设备应定期进行卫生和安全检查。

（二）教育性原则

玩具是幼儿最亲密的伙伴，也是幼儿学习的重要资源，是幼儿的"教科书"。从古至今，玩具在娱乐幼儿的同时一直承担着"教育者"的角色。教育性是玩具的基本特性之一。

"教育性"含有学习的意义。人们常常认为那些立意教孩子如何认字、做算术或背出诗歌等的玩具是有教育价值的，这种理解是片面的。有教育性的玩具应该是能引发幼儿的好奇心，使其增加经验，引起其创造性活动的玩具，而不是将现成的结果告诉幼儿，为了降低难度而限制幼儿创造力或游戏活动结果的玩具。它可能涉及语言、科学、社会、健康、艺术等多个领域，如拼图、堆叠玩具组合、穿线玩具、套叠玩具以及游戏用的小钉板等，这些玩具可以帮助幼儿学习一些技巧并建立正确观念，如一一对应、按大小顺序排列物体、辨认颜色、建立部分与整体的关系、扣纽扣、绑鞋带等。有教育性的玩具应有益幼儿身心健康发展，有利于帮助幼儿活动身体、启发想象，训练幼儿的各种能力和技能；其造型、色彩富有审美的因素，装饰美观而富有趣味性，能深深地吸引幼儿，并能引起幼儿快乐的体验。

（三）适宜性原则

选择玩具应符合幼儿的年龄特点，不同年龄幼儿的身心发展水平不同，对玩具的需求是不同的。一般来说，1~2岁的婴儿，开始学习走路，身体各方面运动能力较1岁前有了较大发展，可为他们提供能促进其平衡移动、运动的玩具，如木质或塑料制的拖拉玩具，色彩鲜艳的小汽车，小型、中型的皮球等。还可准备些练习动手能力、可供装拆的简单玩具，如套娃等。3岁以后的幼儿，以发展动作为重点，可为他们提供拼图玩具、三轮车、大皮球、动物玩具、积木，各种幼儿熟悉的社会生活玩具，如"娃娃家"和"医院用具"等，玩具大小要便于幼儿取放。对4岁以后的幼儿，重在满足其智力与体育活动的需要，可为他们提供各种类型的玩具，但要注意应以培养幼儿的思维能力和精细动作能力为重点。

（四）经济性原则

玩具要结实耐用、经济实惠，价格昂贵的玩具不一定是好的玩具。往往越简单的玩具越有价值，因为它没有固定的功能和形状，可以让幼儿依自己的操作去发现、去创造，可以一物多用，使玩具千变万化。因此，利用自然物及废旧物品加工成幼儿的玩具，可以充分发挥玩具的可塑性。当然，在有限的经济条件下，要优先配备教育价值高的玩具，符合既经济又有利于幼儿发展的双重要求。

选择玩具是一门学问，不能随心所欲，一定要从幼儿的身心发展水平出发，从学前教育目的出发，科学地选择玩具。

二、教具选择的原则

教具是辅助教师完成教学任务、帮助幼儿理解教学内容的工具或材料，是教学活动得以顺利进行的手段和保证。它能帮助幼儿理解教学内容，激发幼儿兴趣。为此，教师选择教具时要遵循以下原则。

（一）教育性原则

教具一般是指教学时用来讲解、说明某事、某物的模型、实物、图表等的总称，主要用作教学的辅助物。在不同的社会文化背景和不同的历史发展阶段，人们对于教具的"教育性"有不同的认识和理解。在当前我国幼儿园教育改革的背景下，应当从是否符合《幼儿园教育指导纲要（试行）》的基本精神，鼓励幼儿积极主动地参与活动，有益幼儿身心健康来衡量。因此要根据教学活动的目标和内容选择教具，要考虑教具应在哪些环节使用，同时兼顾是否切实有效。投放的教具应起到一定的作用，不能因投放的种类、样式过多而分散幼儿对知识经验的学习和关注。例如，在欣赏《狮王进行曲》教学活动时，为了让幼儿更好地感受狮子的彪悍、威猛，可以制作形象生动的教具，在乐曲播放的同时加入幼儿的情境表演。让幼儿戴上头饰，扮成小动物，让幼儿犹如身临其境，兴致盎然地、自然地和音乐融为一体，幼儿在感受音乐的同时也能发展自身的感受力和表现力。

（二）科学性原则

教具通常包含着一定的学习任务，它把抽象的概念具体化，让幼儿通过操作来学习和理解抽象的概念，因此要注意其包含的知识、概念与原理是否正确。在自制教具时，还要考虑用材或制作是否科学。首先，材料的选择，尤其与科技小实验的成功与否和幼儿能否建构正确的数形概念存在着极大的关系。在准备上，要突出材料间的对比性，材料的形态、颜色、大小都要根据教学内容进行选择，如"睡莲花开""降落伞""风筝"等科技小制作都需要通过将不同材质的成品进行实验，让幼儿发现材质之间的区别，探索其中的奥秘。在这种对比性的活动中，教师在选择材料时应当注意，要选用材质差异较明显的材料。只有材质差异较大，才能产生具有明显差异的实验现象，让幼儿通过直观的方式发现不同，激起他们的探索欲望。而在数学活动中，在让幼儿学习排序、守恒概念时，就要注意根据内容的深浅变化来选择教具的不同要素。其次，教师设计、制作教具时应从原理上考虑，减少误差。教师制作的教具反映的内容及其原理应有充分的科学根据，不能模糊现象，混淆过关。由于制作不科学，有些实验中本该有却没有出现的科学现象，教师不能将其中的"科学原理"强加给幼儿。

（三）直观形象性原则

为了弥补语言和文字真实性和形象性的不足，增加幼儿的感性经验，教具应直观形象，富有趣味。除了有生命的活体动植物以及真实的用品、工具之外，还有专门为了教学制作的工具，如模型、图片、标本、挂图等。现代社会，视听媒体和高新技术工具也开始作为教具被应用到教学活动中来。这些新的教学手段包括收音机、录音机、录像机、投影、语音实验室等。在选择时，首先教具的色彩、造型等外观因素要受到幼儿喜爱，符合幼儿的审美情趣，为幼儿喜闻乐见。其次教具在使用时要能激发幼儿的活动兴趣，操作过程要有趣，具有可探索性。比如，在语言活动中图片是最常用的教具，它直观、形象，制作起来也比较方便，在钻研教材的过程中应该根据故事的具体内容，设计最能表现故事情节的教具，最好是活动的、可操作或可体验的。常运用挂图、儿歌图谱、手偶、头饰等。再如，在音乐活动中使用歌曲、舞蹈图谱；在科学活动中，运用具体实物、科技小制作和模型等。在选择、制作教具时，应充分运用儿童的感知规律，如利用感觉的对比规律和选择性规律，突出主体，忽略背景；利用以往经验支持感知、理解对象的规律，在幼儿已有的知识经验的基础上进行提高和升华。

（四）适宜性原则

在幼儿教学活动中每一件教具的选择和制作都应有其明确的教学目的。幼儿园教师不能为了活跃活动气氛而让教具"多多益善"，要在坚持教育性原则的基础上，根据教学实际，以突破教学重点、难点，培养幼儿能力的需要为出发点，有针对性、少而精地运用教具。

（五）安全性原则

在制作教具的过程中，要坚持安全性原则，保证教具安全、卫生、无毒、不易破碎，无尖锐棱角等。幼儿园自制教具往往较多使用废旧材料，在使用前应当采取适宜的方法对这些材料进行消毒，在选材上不要选择橡胶、废旧电池、装有过期药品的药瓶等有毒物质、受过污染的材料或铁皮等锋利材料，确保不会对幼儿的身体健康和安全造成不良影响。在制作过程中，要处理好细节，不要留有可能划破、刺伤幼儿的尖锐角、边缘，如对铁丝两端的处理，不能将铁丝的两端留在幼儿可碰触的地方。如果采用电动或机械装置，要防止漏电，机械部分应牢固地安置于教具的腔体中，在任何时候或位置都不会因打开而掉出来。有零件、配件的教具要注意缝制、粘贴牢固，不易松脱，以免幼儿吞食等。填充类自制教具应注意采用质量较好的填充材料和不易破裂的表面材料，缝制要牢固，避免因表面破裂，造成填充物被幼儿误食。最好不要选用长毛绒等材料制作教具。自制教具还要考虑成品的大小和重量等。教具的大小以适合幼儿把握为宜，过细或过重的教具都不适合幼儿。

第二节　幼儿园玩教具选择的注意事项

一、玩具选择的注意事项

在为幼儿选择玩具时，成人往往有以下认识上的误区：一是选择玩具很随意，只要幼儿喜欢就行；二是选择价格昂贵的玩具，认为贵的就是好的；三是从成人的喜好出发，选择自己喜欢的玩具，认为自己喜欢的就是幼儿喜欢的；等等。针对这些问题，在为幼儿选择玩具时，应注意以下几个方面。

（一）为不同年龄、不同性格特点的幼儿提供适宜的玩具

选择玩具要符合幼儿的年龄特征。众所周知，幼儿在不同的年龄阶段具有不同的生理、心理特征，而身心发展的水平又制约了幼儿的动作、语言以及对事物的认识和理解等。因此，教师要根据不同年龄段幼儿的发展水平和本班幼儿的实际情况提供玩具。

根据小班幼儿常常依玩具的外形选择玩具、见什么选什么以及目的性不强等现象，应给小班幼儿提供数量充足的、能引起他们对生活经验回忆的成型玩具，种类主要集中在与他们的生活有密切联系的有关家庭生活的、逼真性要求较高的玩具，如娃娃、餐具、炊具等。

中班幼儿随着认知能力的发展，兴趣范围不断扩大，对玩具的种类要求增加，并能根据玩具的性能来选择玩具。因此，应提供数量足、内容丰富的玩具材料，如丰富的角色游戏玩具、建构玩具等，以满足中班幼儿不断增长的游戏愿望及需要。

大班幼儿的生活经验相对丰富，能有目的地选择所需要的玩具，对玩具的细节特征也有了更明确的要求。因此，为满足大班幼儿的需要，教师不仅要提供能反映细节特征的玩具，还应多准备半成品玩具及自然材料、废旧材料，促进大班幼儿创造性游戏能力及合作意识的发展。

选择玩具时，还应考虑玩具的特点和教育功能对不同水平、不同性格幼儿的适应性。不同的玩具，其教育功能也不相同，因此，要根据教育的目的、意图以及幼儿的个性、需求等，有的放矢地为幼儿选择玩具。如对性格孤僻、沉默寡言的幼儿，可以引导他们多玩集体进行的动态玩具，使幼儿在轻松、自由、不受压制的游戏氛围中追逐汽车、飞机、坦克，踏着童车和小伙伴一起玩耍，产生愉快和自信的情感，逐渐形成活泼、开朗的性格；对注意力不易集中、特别好动、不易安静下来的幼儿，应多提供既有趣味性、又需要耐心操作才能完成的玩具，如拼图、积木、插塑、泥塑、棋类、拼板等，促使幼儿在自由支配和有目的的重复练习中能较长时间地集中注意力，促进手眼、肌肉动作的协调，学会控制物体，从而控制自己的行动；而对粗枝大叶、性情急躁的幼儿，应多提供制作性玩具，如创设环境让幼儿自由选择废旧物品、纸盒、小棒等做做玩玩，引导他们通过反复观察、摆弄、操作，认识到事物之间的关系，从而在与玩具作用的过程中，养成良好的学习习惯，促进其性格的发展。

（二）为幼儿提供结实耐用、一物多用的玩具

陈鹤琴先生对玩具进行了系统的研究，提出要给幼儿提供"活"的玩具，即变化多样的玩具，久玩不厌的玩具，如积木、皮球、摇铃等，它们可以随幼儿的意愿而变化，能促使幼儿做出各种动作，并在各种动作中得到许多快乐，

能够发展幼儿的自信和自尊。"活"的玩具还能丰富幼儿的经验，发展幼儿的个性。在幼儿园里，教师可以给幼儿提供大量未成型玩具，如各种废旧的包装盒、小瓶子、碎布头、小棍子、皮球、瓶盖、纸、石头、木片等。幼儿在进行这类玩具游戏时，可以一物多用、随意替代，或相互组合成另外一个象征物，具有较大的灵活性、多功能性、经久耐用性，可为发展幼儿的想象力、形成思维的概括性提供条件。幼儿在游戏中可以利用各种未成型的玩具，来满足自己不断变化的需要。

（三）为幼儿提供能够促使其全面发展的玩具

玩具是对幼儿进行启蒙教育的"教科书"，是幼儿园开展教育活动不可缺少的材料，玩具的选配和使用是幼儿园实施全面发展教育的重要手段。所以，玩具的配备要以幼儿园的教育任务为依据，以促进幼儿身心全面和谐发展为目的。

二、教具选择的注意事项

（一）根据幼儿的年龄特征选择适宜的教具

不同年龄段幼儿的学习方式是不同的，因此对教具的要求也不同。一般来说，中班、小班幼儿是通过观察、模仿、体验、游戏来学习的，而大班幼儿则是通过观察、模仿、操作、体验和与他人（教师、同伴）相互作用来学习的。因此在中班、小班幼儿的语言活动中，幼儿倾向于看图片和手偶表演，而大班幼儿则适合用操作图片和戴头饰分角色表演。

（二）从只注重"显在教具"到同时注重"潜在教具"

对于幼儿园已经购买来的各种书籍、教辅用品，教师亲自制作并保存的教具，由于它们都具有"显在性"，一般来说，教师在选用时不存在"发现"的困难，只存在合理使用的问题。对于周围环境中蕴含的一些教具，由于以"潜在"的形式存在，往往被教师忽视。因此，寻找"潜在教具"，就意味着要充分挖掘环境中的教育资源。这些教育资源包括：幼儿园的空间、设施、活动材料和常规；幼儿同伴群体和教师集体；教师的态度和管理方式所提供的榜样、所形成的心理环境；家庭、社区和自然环境。就当前对这些教育资源的利用情况来看，显然它们还没有被所有教师意识到其教具意义，因而大多还是潜在的教具。为了使这些"潜在教具"成为"显在教具"，要注意以下几个方面：一是充分挖掘儿童共同体、教师集体的教育意义；二是注意教师的态度和管理方式，尽可能形成安全、温馨的心理环境，给幼儿提供良好的榜样；三是积极开发家长中的教育资源，创造条件让家长参与幼儿园的教育活动，与教师一起促进幼儿的发展；四是充分利用自然环境中的教育资源，多从自然环境中寻找现成的"教具"来使用，并为幼儿接触大自然创造条件和提供机会；五是充分利用社区场馆的教育价值，有些教育活动可以走出幼儿园的小天地，在更加广阔的社区里实施。

（三）做用结合，使自制教具真正纳入幼儿园的教育教学活动中

每一所幼儿园都有自制教具，但这些为幼儿制作的教具的利用率却不容乐观。许多幼儿园的材料保管室堆积了很多的自制教具，很多教具只使用了几次就因为幼儿不爱玩，或者因为教具损坏而被丢弃。这些教具大部分是本班教师制作给本班幼儿使用的，随着幼儿年龄的增长，对原有教具的兴趣逐渐丧失，教师花费大量时间制作的教具就只能被淘汰。所以，在幼儿园中要提倡教具的管理和使用制度。首先，教师要选用结实、耐磨损的材料制作教具，比如塑料和结实的硬卡纸，避免因幼儿使用不当造成教具损坏。其次，教师可以将教具按其耐用性有选择地保存，保存完好的教具除了供本班幼儿使用之外，还可以和平行班交换使用。随着幼儿年龄的增长，还可以循环到低年龄段幼儿班级使用。这种使用制度能提高幼儿园教具的使用率，节约资源，也能让班班之间和师师之间产生更多合作和分享的意识，教师之间关于教具制作的交流增加，也能为以后的制作积累更多的经验，从而制作出更多优秀的教具。

第三节　幼儿园玩具的运用

一、幼儿园玩具投放的原则

玩具或游戏材料的投放、玩法指导以及管理等，对幼儿游戏的质量有着至关重要的影响。

（一）根据幼儿的年龄特征提供适宜的玩具

适宜的玩具是指符合幼儿的年龄特征以及本班幼儿的特点与需求的玩具。运用玩具启迪幼儿的智慧，发展幼儿的动作，必须建立在幼儿能够接受基本玩法的基础上。换言之，为幼儿选择的玩具至少要是幼儿会玩、能玩的，这样才能在玩的过程中促进幼儿的身心发展。教师应该根据幼儿的年龄特征为其提供适宜的玩具。玩具的提供不仅要注意数量，还要注意种类，以满足幼儿日益增长的探索兴趣和创造兴趣。适宜的玩具和材料主要有以下几种。

第一，促进大肌肉运动能力发展的推拉玩具（如婴儿推车、吸尘器）、球、骑乘玩具（三轮或四轮车）。

第二，增进小肌肉动作技能的玩具或材料（如穿珠、编织材料等）。

第三，可促进幼儿思维和推理能力发展的，支持幼儿进行比较、分类、配对、排序、计数、测量、实验活动的游戏材料，如拼图、磁铁、放大镜、温度计、罗盘、尺、听诊器、手电筒、岩石、贝壳、水族箱等，以及简单的电脑游戏。拼图的数量可为12～50块。

第四，满足幼儿建构需要的大型空心积木、中型的单元积木等。

第五，玩沙、玩水用具。

第六，废旧物品，如盒子、大纸箱、旧的衣物鞋帽或日常生活用品等。

第七，各种手偶、指偶等玩具；交通工具玩具。

第八，图书、蜡笔、水彩笔、画板、各种纸张、安全剪刀、无毒胶水、黏土、颜料等。

第九，音乐、儿歌、童谣等声音材料；响板、木琴等打击乐器。

（二）提供的玩具要结构合理，目标具体

玩具的投放是一个动态的过程，幼儿园教师应当根据不同游戏区域中的不同游戏活动内容，及时投放、补充和调整相应的玩具，保证游戏顺利开展。

1. 新旧玩具比例恰当

有研究表明，如果新旧玩具数量相等，则幼儿互换玩具的现象较多，创造性行为不多；如果新玩具比旧玩具多一倍，则幼儿就会忽视旧玩具，而将兴趣放在对新玩具的摆弄、操作上；如果新旧玩具比例在1∶10以上，幼儿容易发生争抢新玩具的现象；当新旧玩具比例在1∶2或1∶3时，玩具的使用效益最大，幼儿更容易创造性地使用新玩具。因此，教师应善于观察幼儿游戏中使用玩具的情况，新旧玩具的投放应按照一定的比例。如果教师发现前阶段备受幼儿欢迎和喜爱的玩具无人问津了，就要及时查明原因，对玩具进行调整。

2. 适量投放

材料和设备的数量是制约幼儿游戏行为的一个因素。当玩具或游戏材料增多时，幼儿之间因争抢玩具引起的纠纷将减少，同时社会性交往也可能减少。研究表明，无论是在户外还是在户内，当设备和游戏材料增多时，幼儿的社会性交往行为减少，攻击性行为也减少。当设备和游戏材料的数量减少时，幼儿之间的积极的社会性交往行为增多，独自游戏的情况减少，平行游戏增多，但攻击性行为也同时增多。

玩具和游戏材料的数量和种类与幼儿的年龄之间也存在着相互作用的关系。对于年龄较小的幼儿来说，相同种类的玩具或游戏材料的数量要多，以满足幼儿相互模仿、平行游戏的需要。受使用代替物进行象征性游戏的能力不足的限制，年龄较小的幼儿宜用真实性程度较高的模拟事物的玩具来游戏。

3. 成品玩具与半成品玩具比例恰当

这里所说的半成品玩具是指一些拼插、装卸、组合类玩具。成品玩具与半

成品玩具投放比例的确定要与幼儿的年龄特征和能力水平相适应。年龄小的幼儿成品玩具应多一些，半成品玩具应相对少一些；而对于年龄渐大的幼儿，成品玩具数量应逐渐减少，半成品玩具数量应逐渐增多。但要注意的是，即使到了大班，幼儿在角色游戏中的成品玩具数量最好不少于总量的1/3。当然这个比例并不是一成不变的，教师可根据幼儿在游戏中的行为和想法进行适当的调整。成品玩具和半成品玩具的投放比例不同，对幼儿游戏的帮助也不同。当成品玩具比较多的时候，幼儿的注意力会更多地集中在交往的行为上；当半成品玩具比较多的时候，幼儿的注意力则会更多地集中在探索和操作上。

在一些幼儿园的"娃娃家"虽然配有各种形象逼真的小家具等，但是，真正可供幼儿拿在手里的玩具或游戏材料却从种类到数量上都很少，尤其缺乏可供幼儿用作象征物的非结构性材料。

巴格利和克拉斯的研究指出，如果教师想在"娃娃家"里激发幼儿更高水平的假装行为，就应将幼儿熟悉的真实玩具换成积木、橡皮泥等需要幼儿进行更高水平的认知转换的材料。成品玩具虽然逼真，但是结构性较强，为幼儿留下的自由想象和创造的空间较小，幼儿很难根据自己的需要和想象对它们进行象征性的改造。因此，在幼儿园的角色游戏中，教师应当为幼儿准备具有开放性的非成品玩具或游戏材料。

4. 及时更换

幼儿的游戏需要玩具和游戏材料的支持，幼儿对玩具材料的运用很容易受到材料本身所预示的固定功能的限制。玩具或游戏材料长期不变，容易导致幼儿游戏兴趣低下，游戏水平在原有水平上停滞不前。

因此，当发现幼儿游戏中缺少玩具或以前的玩具不能满足幼儿操作和游戏需要的时候，教师应当以"设计制作者"的身份及时为幼儿提供新的玩具，或者更换原有的玩具，这是一个重新点燃幼儿游戏和操作兴趣的好方法。在幼儿熟悉了原有的玩具后，教师应该更换一些较复杂且更具有挑战性的新玩具。但是，在更换时不要全部更换，仍应保留一些幼儿经常使用的玩具，以免幼儿产生陌生感而丧失游戏的乐趣。一般来说，周末是更换玩具的好时机，这样，在新的一周会有一个新的面貌呈现在幼儿面前。

更换玩具的最好办法是轮流使用。当幼儿对某种玩具玩腻了或兴致不高时，教师可以暂时把这种玩具收起来，隔些时候再拿出来。保存玩具时，记住把标记一起收好，这样下次再拿出来时，就不需要重新制作标记了。

5. 由易到难，富有层次

（1）同一游戏区投放多水平玩具

同一年龄段的幼儿在理解、操作、表达等方面也有着不同的发展水平。根据维果斯基"最近发展区"理论，为驱动不同层次幼儿的探索兴趣，应根据幼儿不同的发展水平，提供教育内容不同、知识层次不同的材料，让每位幼儿量力而行，在自己原有的水平上有所提高，使不同发展水平的幼儿都能体验到成功，保持积极参与的热情。

幼儿的动作发展是一个由易到难、由简单到复杂的过程。例如，在练习"夹"的动作时，我们不能要求幼儿一步到位，要体现材料投放的层次性，逐渐提高难度。在最开始练习的时候，我们可以在讲完动作要领后，让幼儿用手指去练习夹一些容易的、大块的东西，逐渐发展到夹细小的东西；再给幼儿提供具体的操作工具，从夹大块的、容易夹到的东西，慢慢发展到夹各种形状、各种大小的东西，逐步提高难度，增强幼儿活动的成就感与继续活动的好奇心。

（2）同类游戏区投放不同玩具

幼儿的兴趣不同，对玩具的选择也不同，同一种类玩具可以有不同的形式。如在各个"娃娃家"里投放不同的娃娃（有不同大小的，有不同质地的，有没穿衣服的，有穿好衣服的，有四肢能活动的和四肢不能活动的等），让幼儿自己选择，进行不同的游戏活动。

（三）根据幼儿游戏的需要，适时提供玩具

在表演游戏中，教师提供材料的目的是支持幼儿的活动，而不能仅仅把材料当作"道具"。因此，什么时候提供什么样的材料，应当根据幼儿活动的实际需要决定。当幼儿还没有产生对材料的需要时，教师不必立即呈现自己认为必要的材料或"道具"。在幼儿眼中，教师事先准备的精美道具并不比他们自己制作的道具更具吸引力，而制作道具的过程本身就是一种可以给幼儿带来快乐，蕴含着丰富学习机会的活动，不应为追求"表演结果"或节省时间而省略这个颇具教育价值的环节。诸如纸、笔、盒子、木板这样的原始材料，都可以为幼儿的探究提供更多的机会和可能。

二、幼儿园玩具玩法指导

在没有成人引导的情况下，幼儿周围环境中的很多事实、现象、物体的特性，就成为他们视野和知觉之外的东西。仅仅为幼儿选择、提供合适的玩具是不够的，对使用玩具的指导是充分发挥玩具作用不可忽视的一环。一些教师经过观察发现，游戏前教师是否介绍新的游戏材料，将会影响幼儿对新材料的选择，教师介绍新材料的方法，也对幼儿使用新材料的方法有较大影响。一种新的玩具出现时，很多幼儿并不知道如何使用，教师可以激发幼儿进行探索，或在适当时机进行一定的玩法指导。

（一）玩具玩法指导的方法

1. 观察法

通过细致地观察幼儿玩玩具，发现玩具本身的问题和幼儿在与玩具互动中遇到的问题，进而有针对性地对幼儿进行指导。

2. 语言指导法

用语言启发、提示幼儿，引起幼儿对生活经验以及对周围事物的回忆，丰富幼儿游戏的情节和内容。

3. 演示法

通过讲解、示范等手段，展示玩具的具体操作方法。演示者可以是成人，也可以是幼儿。

4. 参与法

直接参与幼儿游戏，和幼儿一起玩，在玩的过程中发现问题并及时指导。

（二）玩具玩法指导的策略

1. 观察幼儿操作玩具的行为，给予适当指导

当教师为幼儿游戏购买或制作新的玩具时，对幼儿玩具的指导要有一个准确的度，既要悉心指导，又不能过分指导。也就是说，对幼儿玩玩具既不能放任自流，采取"放羊式"的态度，又不能过分干涉，使幼儿养成被动、依赖心理。对第一次出现在幼儿面前的较复杂的玩具，教师可以作为"传授者"给予幼儿不同的指导，传授玩法和规则，使幼儿掌握要领，充分发挥玩具的作用。

有些操作简单的玩具虽然是第一次投放,也可以先让幼儿自己操作,探索玩法,当幼儿在操作中发生困难时,教师再给予指导。

教师对幼儿玩具玩法的指导方法还应灵活多样。对不同的玩具运用不同的指导方法,对不同能力、不同性格的幼儿也应采用不同的指导方式。例如,对一些简单的、易操作的玩具可尽量多地用语言启发,对复杂的、操作性较强的玩具则可多用演示的方法。对一些平时能力强的幼儿多用口头指导,指导不要过于具体;而对那些能力较差的幼儿则要指导得具体一些,甚至动手教,再逐步过渡到放手或口头指导。

当幼儿动手操作时,教师应当变为"观察者"。在观察幼儿操作玩具的过程中,教师可以更清楚地了解每个幼儿操作玩具的技巧、能力、理解力、创造力和情感的发展状况。通过观察,教师能够估出幼儿在发展自己的潜力中达到了什么程度。在弄清幼儿兴趣、长处以及发展水平的情况下,确定应当提供什么样的时间、地点、机会和玩具才更适合幼儿的兴趣和需要。教师在观察的同时,应当有计划地将幼儿的操作表现记录下来,以便积累资料,为玩具的购买和制作提供依据。

2. 引导幼儿自己去探索

幼儿需要时间和空间去探索他们见过的或者没见过的玩具,去感觉它们的大小、重量、形状等物理特性,去熟悉它们所呈现的各种不同的颜色,并且自行发现操作的方法。对于有一定组合方式和规律的玩具,幼儿在使用过程中便可知道自己的操作是否正确。但是,对于一些自由组合的小玩具,如小方块、插桩板、穿珠等,幼儿就需要用时间去探索,不断试验自己的操作方法和效果。如果说幼儿游戏的目标之一是帮助幼儿不断扩展知识领域和学习新的技巧,那么当幼儿在操作玩具中遇到困难的时候,教师应该以"参与者"的身份引导幼儿与同伴交流,帮助幼儿掌握玩具的操作方法。同时,教师可以引导幼儿参与设计、制作玩具,帮助教师收集制作材料,准备制作工具等,引导幼儿成为操作玩具的主人。

3. 创新玩具玩法

许多玩具的玩法是变幻无穷的,创新玩具玩法是防止幼儿对玩具产生厌倦的另一种方法。创新玩法是引导幼儿用不同的方法玩同一种玩具,教师可以采用口头建议、设计游戏活动、图案模仿活动等方式来进行。口头建议是教师通过给予建议、一起谈论等比较自然的方式来帮助幼儿。设计游戏活动是利用玩具本身设计不同的活动，这些活动需要教师做好简单的准备工作，再说明活动的方法或玩法，幼儿就可以自己玩了。图案模仿活动是利用一些小木条、珠子、方块、形状板等小型玩具进行从随意的排列到复杂图案的创作活动。教师可以和幼儿共同利用玩具扮演角色，进行游戏，与幼儿同玩同乐。

要引导幼儿创造性地使用玩具，教师可以从以下几方面入手。

（1）引导幼儿一物多玩与替代

鼓励幼儿使用同一种玩具做不同的事情，根据特定的环境发挥玩具的不同效应。如塑料小刀，在手工区是泥工工具，在"娃娃家"是炊具。如木珠（或塑料珠），在操作区可用来串珠，在小吃店可用来当元宵，在数学区可用来数数，在美工区可用来排列色彩。每一种玩具在不同的幼儿手中都有它不同的用途，可以让幼儿的创造力得到充分的发挥。

（2）引导幼儿学会自制玩具

教师提供半成品材料或普通的自然材料和废旧材料，引导幼儿自己动手制作玩具，为幼儿提供自由发挥和创造的空间，让幼儿在操作中按照自己的意愿创造出自己想象的玩具。

三、幼儿园玩具管理

合理的管理是幼儿园玩具充分发挥其功能的重要条件。幼儿园玩具的管理涉及班级和幼儿园两个层面，每个层面有不同的侧重点。

（一）班级玩具的管理

1. 合理放置，便于幼儿取放

所有的玩具应向全体幼儿开放，便于幼儿根据自己游戏的意愿和游戏的要求自由选择。玩具应摆放在高度适宜的开放式玩具架（柜）或容器中，存放玩具的容器应有明显标志，便于幼儿找寻。比如，可选择透明的容器或者在不透明的容器上贴上幼儿能识别的标签。各类玩具的摆放也应结合班级活动区域进行划分，如安静区或运动区、室内与室外、相似的活动或相异的活动等，尽量减少因区域设置不合理而导致幼儿冲突的发生。不同类型或不同性质的玩具应放在不同的位置。一般来说，成型玩具应摆放在玩具柜中，非成型玩具最好存放在一些便于拖拉的大箱子内或纸盒中，以便搬运、摆弄和收拾。一些常用的玩具应放在固定的位置，而新购置的玩具则应放在显眼的地方，以便引起幼儿的注意；音乐玩具应放在玻璃柜中，这样可以保持良好的音质；教学用玩具应放在专用柜中；主题形象玩具的摆放应生活化些，以便产生真实感，引起幼儿的真实情感。

玩具摆放应注意玩具架（柜）或容器的安全性，以免在幼儿取放玩具时发生倾倒、破损现象，出现砸伤幼儿等意外。

2. 建立玩具使用常规

所谓班级玩具的使用常规，指游戏中操作玩具的时间、操作的规则、共同使用玩具的规则以及玩具的收放规则等。幼儿园玩具使用常规主要有：根据个人或集体游戏的需要，有计划地拿取玩具，教育幼儿不要多占或独自占有玩具，需要其他小朋友手中的玩具时，应在取得对方同意后再使用，教育幼儿不争不抢；大家都喜欢的玩具应轮流使用，要爱惜每一件玩具，做到轻拿轻放，并主动地捡起掉在地上的玩具，不丢、不乱扔玩具；不把玩具放入口中，游戏后需要洗手；发现玩具损坏及时向教师报告；游戏结束后，应把全部玩具收拾得井然有序。

教师在介绍玩具的时候应逐步向幼儿介绍这些规则，进行适当的指导，并经常检查规则的执行情况，教幼儿学会整理玩具，培养幼儿爱惜东西的好习惯，培养幼儿爱整洁、守纪律、热爱劳动以及尊重他人劳动的好品德。

3. 定期清洗、检修玩具

在游戏中玩具被幼儿频繁使用，因此不可避免地会滋生各种细菌、病毒，为防止细菌、病毒的传播，应对玩具进行定期的清洗和消毒（根据玩具的不同性质，有的可以采用日晒的方式，有的需要使用消毒液进行消毒）。幼儿园一般应每周至少一次对玩具进行清洗和消毒。教师还应做个有心人，及时发现破损的玩具，及时修理或清理，以免破损的玩具对幼儿造成伤害，也可避免幼儿不珍惜玩具、破坏玩具的行为，培养幼儿爱惜玩具的品质。

4. 根据需要，及时增减玩具

玩具在日常的使用过程中，不可避免会有损耗，因此应及时补充。另外，可根据教育教学和游戏的需要，通过购买或者自制玩具的方式及时增添，保证玩具的数量，满足幼儿游戏的需要。对于一些不经常使用或幼儿不感兴趣的玩具，应考虑将其更换。

（二）幼儿园玩具的管理

1. 全园统筹管理

幼儿园应派专人对全园的玩具进行集中、统筹管理。条件较好的幼儿园可配合游戏活动设置专门的玩具室，全园各班级间统筹安排游戏时间。对于要发放到各班级的玩具，可进行分类，统一名称，按年级、班级幼儿的人数进行配备和发放，由各班级教师进行管理。各班级教师应及时对玩具的使用情况（如质量、幼儿的使用频率等）进行反馈，以便幼儿园及时调整玩具的配备和采购计划。

2. 有效配备

在对全园玩具的情况有全面的了解后，便可以进行有效的采购，避免重复购买，或购买的玩具不适用。在学期末，可根据玩具使用过程中的损耗情况，及时补充或更新。教师们根据教育教学和幼儿游戏的情况自制的玩具，如果使用效果非常好，也容易在其他班级推广，甚至建立了较为成熟的园本课程，这样的自制玩具可以申请专利，请玩具制造商进行批量生产，制作成美观大方、材料精良、经久耐用的玩具，以减少教师的重复劳动，也有利于积累教师的劳动成果。

3. 帮助社区建立玩具图书馆

《幼儿园教育指导纲要（试行）》中指出，幼儿园应与家庭、社区密切合作，与小学相互衔接，综合利用各种教育资源，共同为幼儿的发展创造良好的条件。有条件的幼儿园可根据自身的情况，帮助社区建立玩具图书馆，这样幼儿可在离园后也享有丰富的玩具资源。图书馆的玩具来源可以多样，如幼儿家庭捐赠或一些家庭暂时共享、交换等，在图书馆进行分类汇总后，按一定的程序借给需要玩具的社区幼儿，这样做可以提高每个家庭玩具的利用率，丰富每个幼儿的玩具种类，还可以为那些经济条件一般的家庭的幼儿提供玩各种玩具的机会。幼儿园教师作为专业人员，可以为社区幼儿家长提供一定的玩具玩法指导，真正做到为社区的幼儿服务，从各方面促进幼儿的健康成长。

第四节　幼儿园教具的运用

在幼儿园课程中，幼儿园教具的运用是不可或缺的组成部分。教具的运用在活动中起辅助作用，如果使用恰当，可大大调动幼儿学习的兴趣，启发幼儿的思维，对活动目标的达成起到事半功倍的作用。

一、根据活动需要提供适宜、实用的教具

教学活动中教师所提供的教具能否发挥有效的作用，这就要看教师能否充分钻研教学内容，把握活动目标，根据活动的需要提供适宜、实用的教具。

第一，教具要能帮助幼儿主动高效地学习，不能对幼儿的学习产生干扰。有些教师认为，教具多多益善，一节课教具越多效果就会越好，其实不然。数量过多或过于花哨的教具反而会干扰幼儿的学习。比如在活动中，教师提供了太多请客人吃的食物，反而干扰了幼儿，一些幼儿说，拿着自己的食物想给小猫吃，教师也很难做到及时回应每个幼儿。由此可见，过多教具的提供会让幼儿手忙脚乱，也不利于师幼间及时互动。同样，过于花哨、美观的教具也会影响幼儿的正常活动，如在音乐欣赏活动中，一定要在幼儿反复聆听音乐的基础上再出示多媒体画面，避免色彩鲜艳、动感的画面分散幼儿的注意力，让幼儿忽视了聆听音乐，本末倒置。

第二，在教学中，主题不同，教具的选用应有所不同，要依据活动的需要来选择。凡是教师演示用的教具都应大一些，以便全体幼儿都能看清。颜色应鲜艳一些，以吸引幼儿的注意，但数量不宜过多，以免分散幼儿的注意。凡是幼儿操作的教具，可以简单一些、小一些，以免浪费材料，还可以节省更多的精力和时间去研究教材、教法及教育对象等。例如"画蜗牛"活动中，幼儿操作的玩具，是教师利用幼儿冬天戴的小毛线手套和毛巾，依照手形制作的小蜗

牛形象，幼儿可将小手套戴在手上，模仿小蜗牛的动作爬啊爬，寓教于乐。又如音乐活动"快乐的小树叶"中，教师运用色彩鲜明的 Flash 课件，让幼儿充分观察秋风吹落小树叶的各种动态美，和小树叶排队跳圆圈舞的场景，幼儿在情境中感受了音乐之美。

第三，教具要能与幼儿产生互动。有的活动中，教师根据不同的教学内容准备了许多的教具，但没有考虑幼儿的实际水平与年龄特征，出现了幼儿对教具无动于衷的情况。幼儿不与教具产生互动，教具就发挥不了作用，反而影响了教学效果。例如美术课"美丽的蝴蝶"，教师在大屏幕上出示拼蝴蝶的游戏，教师操作鼠标，幼儿口述，但部分幼儿处于等待中，有的幼儿因为不能自己操作，所以对此环节不感兴趣，处于游离状态。因此，在教具的准备上，教师还要注意教具与幼儿之间是否有良好的互动，让幼儿在积极主动地与教具相互作用的过程中，动手动脑，激发想象，发散思维。

二、为幼儿的操作活动提供递进性、层次性的教具

对于幼儿来说，思维的具体形象性特点决定了他们对周围物质世界的认识还是感性的、具体的、形象的，思维常常需要通过动作来帮助理解。他们对物质世界的认识还必须以事物和材料为中介，在很大程度上要借助于对物体的直接操作。比如数学是一个很抽象的知识体系，幼儿学习数学更是离不开操作练习，通过对客体的操作促进他们逻辑思维的发展是至关重要的。教师只有把握住幼儿学习的特点，才能准确地为幼儿提供合适的操作材料，通过实物操作、半抽象材料的使用和抽象符号的应用这三个环节来完成具体形象思维向抽象思维的过渡。实物操作能够满足幼儿思维借助动作和感知的需要，半抽象的操作材料（图片、点卡类）能够满足幼儿思维借助直观形象手段的需要，抽象符号教具的运用则能满足幼儿抽象思维能力发展的需要。这三个环节的操作材料虽然在难易程度上有所不同，但其价值意义都是十分重要的，每个环节的操作材料都有其独特的作用。教师只有遵循幼儿思维活动的特点，分层次递进呈现给幼儿，才有利于提高其学习效果。

同时，由于每个幼儿发展水平的差异，教师提供的操作材料也要体现层次性，让每个幼儿在原有的基础上有所进步。例如，练习排序时，可以让能力弱

的幼儿进行 ABAB 式排序，或教师为其提供排序图例让对照着练习，对能力强的幼儿可以让其练习 ABCABC，ABBABB，等等。还可让幼儿自己设计其他排序方法。

三、教具的运用要有利于解决教学重点和难点

教具可以化抽象为形象，使抽象的内容具体化，有效化解重点、突破难点。如小班故事《小蝌蚪找妈妈》，由于幼儿对小蝌蚪的生长过程不了解，因此，不明白小蝌蚪为什么会找错妈妈。如果借助多媒体教具，让幼儿看到小蝌蚪成长变化的动态过程，了解小蝌蚪和青蛙的外形特征，那么幼儿就很容易理解故事的情节和对话了。

四、使用教具时要准确运用教学指导语

（一）指导语要科学、适宜，利于解决幼儿的问题

以数学领域为例，幼儿对数学抽象符号的认识，要借助具体形象，且要通过多种感官来感知、认识。因此，教师在操作材料的准备上要下足功夫，为幼儿准备丰富的操作材料。由于领域本身的抽象性、逻辑性和精确性的特点，教师在进行数学教育活动时指导语的表述一定要严谨、科学，要能准确地帮助幼儿逐渐理解和运用抽象的数学符号，解决生活中常见的问题。如让幼儿认识"3"的实际意义，教师给幼儿看数量为 3 的物体，听响声为 3 的小动物叫或铃铛声，做 3 下拍手的动作或跳 3 下等，教师的指导语是直接用语言表述要求——"请小朋友拿出 3 个""请跳 3 下"等，这样，幼儿更多的情况下是在听这个数字"3"，而没有看，教师没有意识到要重点引导幼儿辨识这个抽象的数字符号"3"的外形，也没有给幼儿创造看实物、听声音、做动作等的机会，使其完成实物与抽象符号的整体识别，而只是完成了对抽象符号读音的识别。在具体与抽象之间的对接方面忽略了抽象符号类数学教具的应用，降低了其使用价值。教师要学会运用抽象符号，让抽象符号多唱"主角"，对于数学操作

活动不仅要"说"出要求，而且还要让幼儿"看"出要求。这样幼儿才能逐渐完成具体操作材料与抽象符号的整体对接。例如：教师出示数字"3"的字卡，不说出这个读音，而只是说"请小朋友拿出这么多的积木"；也可以换一种方式，教师出示实物，请小朋友找出相应的数字；还可以通过相应量的动作或声音等形式来让幼儿掌握"3"的实际意义。

（二）教师的指导语要有利于实现教具的目标价值

教师要经常采用示范法引导幼儿进行最初的学习，并且借助一定的教具实现教学目标，可以说，教具就是物化的教育目标。教具的目标价值能否很好地体现，教师的指导语起着至关重要的作用。例如，在数学活动"为小绿人穿衣服"中，目的是让幼儿掌握"→"符号和数字的指示意义，即让幼儿在衣柜里从左向右数，第几件衣服是小绿人要求穿的，这里重点是引导幼儿学会观察并准确理解符号的意义，教师在学习开始时可以结合语言讲解帮助幼儿理解"→"符号的意义，即"从左向右"，数字在这里的实际意义是指第几件衣服。进入幼儿操作练习阶段后，教师只应进行书面布题，而不必再进行语言提示，语言提示容易导致幼儿只依赖教师的口头语言指导而忽略对符号的观察和理解，降低教具的目标价值。因此，教师在备课时一定要认真研究教学目标，研究教具的目标价值，分析自己的指导语是不是有利于教学目标的实现，有没有忽略教具的目标价值。在讲解、示范教学阶段，教师的指导语要能清晰准确地帮助幼儿解读抽象的符号。在幼儿操作阶段，教师的指导语要利于幼儿自我解读抽象的数学符号；对能力弱的幼儿适当进行提示性的语言解读。

五、开发教具的多种功能

教具功能的全面开发不仅能减轻教师的工作量，而且教师富有创意的教学活动的开展对幼儿的创新能力也起着潜移默化的影响，能达到事半功倍的效果。

（一）开发生活中物品的教具功能

对于幼儿来说，世界上的任何物品都可以作为他们的玩具，那么就数学方面来说，根据《幼儿园教育指导纲要（试行）》中"引导幼儿对周围环境中的数、量、形、时间和空间等现象产生兴趣，建构初步的数概念，并学习用简单的数学方法解决生活和游戏中某些简单的问题"的要求，数学教学同样也应贴近幼儿生活，幼儿在生活中接触的任何物品都可以成为其学习数学知识的教具。因此，教师要善于从生活物品中挖掘可作为数学学习材料的教具。例如，通过一一对应的方法比较两个集合之间量的关系，教师就可借助生活活动来引导幼儿学习。碗和小勺或筷子，小朋友和椅子、杯子、碟子，小朋友和帽子等，都可成为幼儿学习的教具。在美术活动中，各种农作物、蔬菜、水果等都可以成为幼儿手工活动的材料。在音乐活动中，各种瓶子、碗、碟子等都可成为幼儿创作音乐作品的乐器。

（二）开发已有教具的多种教学功能

教师要有一双慧眼，要善于发现一种教具的多种教学功能。例如，双色苹果（一面是红色、一面是绿色）教具，教师最初设计这套教具是用于数的组成的学习，将一定量的双色苹果抛散下来，呈现两种颜色的苹果分别代表两个部分数，合起来就是总数。这一教具通过颜色的不同来让幼儿感受两个部分数和总数之间的关系。教师还可以利用其颜色的组合变化让幼儿进行排序的练习，比较两组苹果量的多少等。各种积木或插塑既可以作为幼儿建构游戏时的操作材料，又可以作为幼儿学习数学时的材料。

在幼儿园各领域教学活动中，教师一定要认真研究幼儿学习的特点，在进行教育活动前，认真分析活动的具体教学目标与教具的关系，仔细斟酌教具的提供是否有利于教学目标的实现，仔细斟酌教学指导语是否准确、严谨、科学，是否有利于借助教具的直观形象性特点给幼儿呈现一个清晰、准确的概念等。教具运用的最高境界就是让幼儿在"动中学、玩中学"，只有达到这个境界才能真正提高教具在教学中的效能。

第四章 幼儿园玩教具制作的意义与指导原则

第一节 幼儿园玩教具制作的意义

无论一个幼儿园经济条件如何,都应有本园制作的玩教具。制作玩教具的过程体现整个幼儿园的园风、园貌以及教师的教育理念和教学思路,因此,制作玩教具的过程同时也是教师专业发展的过程。学前教育工作者应明白自制玩教具的意义,认真分析、研究幼儿玩教具,为幼儿制作适宜的玩教具。

一、幼儿园自制玩教具是工业化玩教具的必要补充

第一,幼儿园自制玩教具是传承民族文化的有效途径。幼儿园自制玩教具的题材可以来源于中国传统节日、民间传说及经典的历史故事,比如十二生肖的布艺或泥工,春节的饺子、舞龙、舞狮,元宵节、清明节的花灯,端午节的布老虎,中秋节的兔爷儿,等等。制作传统玩教具有助于弥补市场上玩教具题材中一些中国元素的缺失,是一种传承民族文化的积极有效的途径。

第二,幼儿园自制玩教具符合幼儿园实际教学的需要。很多幼儿园从市场上购买了不少玩教具,其色彩明亮、形象逼真,但作为教具,教育功能较差。另一方面,购买来的成品玩具玩法单一,可操作性差,很难调动幼儿持续游戏

的积极性，限制了幼儿继续探索的空间和幼儿想象力的发挥，因此，根据幼儿园实际教学需要量身定做一些玩教具是很有必要的。比如，大班年龄段幼儿认识整点、半点时间时，教师可给幼儿提供卡纸做成的自制钟表，自制钟表的时针、分针可随意转动，更符合幼儿探索学习的需要。对幼儿来说，能够自主参与、有实践操作空间的学习更能引起学习兴趣，提高学习的积极性。

二、让幼儿参与玩教具制作有利于促进幼儿的学习和发展

《幼儿园教育指导纲要（试行）》明确指出，应指导幼儿利用身边的物品或废旧材料制作玩具、手工艺品等来美化自己的生活或开展其他活动。为幼儿创设展示自己作品的条件，引导幼儿相互交流、相互欣赏、共同提高。爱玩是幼儿的天性，对于幼儿来说，参与玩教具的制作就是"玩"，而正是在这"玩"的过程中，他们的知识不断丰富，身心获得发展。

第一，幼儿参与玩教具的制作可以丰富他们的生活经验。儿童心理学家皮亚杰认为，智慧既不是从自我知识开始，也不是从事物本身知识开始，而是从他们相互作用的知识开始的，也正是通过使它本身同时向着相互作用的两极发展，这样，智慧才通过组织自身而组织世界。幼儿的经验来自与周围世界的相互作用，这些相互作用包括与人的相互作用以及与物的相互作用，与人的相互作用就是人际交往，与物的相互作用就是对物体的操作。成人有时非常重视幼儿的人际交往，比如教师对幼儿的关切、家长对幼儿的言传身教、同伴对幼儿成长的影响，而往往忽视幼儿对物体的操作，从而阻碍了幼儿生活经验的积累。在幼儿园里，教师如果重视幼儿操作物体的行为价值，并鼓励幼儿积极参与玩教具的制作，就能很好地促进幼儿知识经验的积累。比如幼儿在选择不同材料和工具的过程中，加深了对材料质地和工具性能的认识；在制作水流推动水车转动时，幼儿懂得了水流的速度和水车转动速度之间的关系的科学知识；在用纸板制作电脑键盘时，幼儿学习和巩固了数字和拼音的相关知识；在用布给洋娃娃做衣服时，幼儿体会了色彩搭配的美感，同时学习了度量尺寸的方法、用剪刀的力度和技巧；等等。其实，有时我们很难区分幼儿是在"玩"还是在"学"，动手操作的过程也就是学习的过程、积累生活经验的过程。

第二，幼儿参与玩教具的制作有利于幼儿思维能力的发展。现代脑科学的

研究也证明，在手和脑之间存在千丝万缕的联系，人的手部在大脑的投影面积最大，即大脑皮层中控制手的动作的细胞最多，所以说动手会使大脑更加发达。手所掌握的和正在学习的技艺越高超，幼儿就越聪明，对事实、现象、因果联系进行深入思考和分析的能力就表现得越鲜明。比如，幼儿学习用纸剪出或者用木料雕出精细的图画，学习用雕刻刀写出漂亮的字，幼儿就会对稍有一点点偏差的地方非常敏感，观察力非常敏锐；再比如，在以小组为单位进行设计创作活动时，幼儿要对分工进行协商、制订时间计划、决定材料的选择和收集、解决制作过程中遇到的问题和矛盾、对作品进行评价，等等，这些都能锻炼幼儿解决问题的能力；特别是在制作的过程中，不同观点交流碰撞，更是幼儿创造力迸发的大好机会。

第三，幼儿参与玩教具制作是对幼儿进行可持续发展教育的一种途径。可持续发展教育最早是由环境教育专家斯蒂芬·斯特林于1992年在巴西里约热内卢召开的世界环境与发展大会上提出的。2003年，联合国教科文组织起草了《联合国可持续发展教育十年（2005—2014）国际实施计划》，旨在将可持续发展的原理、价值观和实践渗透到教育和学习的所有方面。这份计划书中明确指出，教育是可持续发展的关键。对幼儿进行可持续发展教育，就是培养幼儿可持续发展的意识和态度，增进可持续发展行为的能力和影响力。在过去物质匮乏的情况下，我们提倡勤俭节约；今天我们的生活水平日益提升，但国家仍然提倡建设节约型社会，促进环境、经济和社会的可持续发展。在幼儿园里，让幼儿参与玩教具制作不仅可以废物利用、变废为宝，实现资源的循环利用，同时也是对幼儿进行节约资源、保护环境的潜移默化的教育。比如，很多幼儿园给幼儿提供废旧报纸供幼儿裁剪、绘画、装饰，还可以做成纸球，供幼儿练习投掷、接抛，也可以再做成纸浆玩具，最后回收做成纸。

三、幼儿园玩教具制作有利于教师的专业发展

玩具是幼儿的课本，教具是教师的魔法棒，教师要仔细研究玩教具，充分发挥玩教具的作用。现在市场上玩教具可以说是应有尽有，但教师在教学的过程中，总有这样一种感觉，有些工业化生产出来的精美玩教具用起来并不完全适宜，跟自己的教学内容、教学思路，跟幼儿的学习方式、学习过程总是有那

么一点距离。因为所有的玩教具都是根据理想的课程设计出来的，而在实际课程教学过程中，教师会根据自己的理解以及幼儿的反应做出某些调整，玩教具的使用情况自然也会随之变化。教师最了解本班幼儿的兴趣、能力和需要，所以能否根据本班幼儿的具体情况自制适宜的玩教具就成为衡量教师专业化水平的一个标准。教育部出台的《幼儿园老师专业标准（试行）》中也提出，幼儿园教师要能合理利用资源，为幼儿提供和制作适合的玩教具和学习材料，引发和支持幼儿的主动活动。

教师在对教学内容的深度研究和对幼儿兴趣能力的适度把握的基础上，为幼儿制作适宜的玩教具，这一过程包含了提出问题，明确制作要点和原理；做中体验，感受制作的重点和材料的适宜性；使用中观察，分析作品的优点及不足；反思讨论，共同商讨教育策略等几个环节。教师的教学能力在这样的过程中就会得到提高。

有研究表明，教师自制玩教具的过程对教师的发展有很大的影响，如增进教师对教育、幼儿及玩具的理解，促进教师的想象力和创造力发展，提高教师的动手操作能力，促进教师与教师、家长、幼儿之间的交流，等等。

四、幼儿园玩教具制作有利于促进家园合作

家长的积极参与是幼儿园工作顺利进行的保障，也是促进幼儿身心发展的重要条件。邀请家长参与幼儿园自制玩教具的过程，有利于家长了解幼儿园的活动内容和教育理念，积极主动地配合幼儿园的教育工作；有利于家长和幼儿之间的亲密交流，为建立亲子间深厚的情感打下良好的基础。家长主要以如下几种形式参与幼儿园玩教具制作。

第一，配合幼儿园收集废旧材料。幼儿园里的废旧材料毕竟有限，而家庭中会有很多的生活废弃物品，比如纸箱、鞋盒、瓶子、罐子、线头、布头等，这些废旧物品在家庭里是垃圾，而到了幼儿园就是宝贝。家长如能有意识地把这些废旧物品留给幼儿园，既补充了幼儿园自制玩教具的材料，又给孩子树立了一个节约的好榜样。

第二，参与幼儿园玩教具的制作。这是在幼儿学习层面上的参与，也是更深一层的家园合作。现在的家长大都忙于工作，跟孩子的交流甚少，不少家长

认为给孩子提供良好的经济条件，满足孩子物质的欲望就是爱孩子，却忽视了跟孩子的情感交流。幼儿园可以定期邀请家长入园跟自己的孩子一起自制玩教具，这样不仅给了家长一个展示自己的机会，同时更是给家长提供了一个增进亲子感情的平台，家长在陪自己的孩子自制玩教具时，会产生极大的幸福感，孩子也会倍感自豪，对自制的玩具更加珍惜，对父母的崇拜之意油然而生，这比空洞地对孩子进行爱的教育有效得多。家长在参与幼儿园制作玩教具的过程中，会更加了解教师的工作状态以及幼儿的学习情况，更加乐意配合幼儿园教师的工作。

第三，参观幼儿园自制玩教具的展览。这是基于了解和检测幼儿学习层面的参与，这一层面的参与有两种形式，一种是在接送幼儿的过程中，短时间内观察幼儿所玩的玩具，简单地了解幼儿在幼儿园玩了哪些玩具，是怎么玩的，这是一种比较常见的形式；还有一种是幼儿园定期展出自制的玩教具，请家长参观，教师在一边介绍和解说。通过这种形式，家长知道了教师教给幼儿哪些本领，幼儿学到了哪些本领。

需要强调的是，幼儿园自制玩教具的根本目的在于"运用"而非"展览"，所以，建议幼儿园教师多采用前两种形式，尽量让家长参与幼儿园自制玩教具的材料收集和制作过程，有助于家长理解和认同幼儿园的教育理念，体验和重视自己作为家长的责任和能力，认识到家园共育的重要性，积极参与家园共育。

第二节　幼儿园玩教具制作的指导原则

一、幼儿园玩具制作的指导原则

（一）符合幼儿的身心发展特点

玩具是为幼儿的学习提供各种感知觉刺激和可操作的、具体形象的"概念框架",为幼儿动手动脑、主动学习创造有利的条件。正如陈鹤琴所指出的那样,玩具不是仅仅供儿童玩笑的,快乐的,实在含有科学游戏的性质。玩具的具体形象性和可操作性的特点决定了玩具作为幼儿学习的"课本"的年龄适宜性。

1. 不同年龄段幼儿对玩具的需求是不同的

小班幼儿所选玩具多与具体的生活经验紧密结合,对玩具的形式、色彩要求较高,依据玩具的形状选择玩具,见什么选什么、好模仿、无计划,面对新玩具不知所措。因此给小班幼儿应准备促进其发展的、种类相同但数量较多的主题玩具,以及一些简单的智力玩具。小班幼儿的玩具数量一般在六件左右,最多不超过十件。

中班幼儿选择玩具的范围扩大,能依据玩具本身的性能来选择,边玩边选,需要了再去选,数量比小班有所增加。因此,中班幼儿对玩具的种类要求较广泛,喜欢各种主题玩具、多样化的体育玩具及具有一定难度的智力玩具。

大班幼儿能根据游戏需要、按游戏情节发展有目的地选择能代表事物特征、表现事物细节特征的玩具,对各类玩具都有浓厚兴趣。因此,应为大班幼儿选择各种玩具材料,多样化、复杂化的体育玩具及具有一定难度的智力玩具(如棋类等)。

2. 根据幼儿需要设计、制作玩具

设计、制作玩具一定要符合幼儿的年龄特点及身心发展水平,根据其发展需要准备玩具。小班幼儿以发展动作为重点,可制作简单的拼图玩具、球类玩具、动物玩具、积木以及幼儿熟悉的各种社会生活玩具,如"娃娃家"和"医院用具"等,玩具大小要便于幼儿取放。

中班幼儿对玩具的需求重在满足智力与体育活动的需要,可为他们设计、制作各种类型的玩具,但要注意应以培养幼儿的思维能力和精细动作能力及表现物体的细节特征为重点。随着幼儿认知能力的发展和兴趣范围的扩大,对玩具的种类要求逐渐增多,并能根据玩具的性能来选择玩具。因此,应多提供数量足、内容丰富的玩具、材料,以满足幼儿不断增长的游戏愿望及需要。大班幼儿能非常有目的地选择所需要的玩具,对玩具的细节特征也有了要求,如在选择"娃娃"时,对其服装、头发、纽扣等都有要求。因此,为了满足大班幼儿的需要,要多为大班幼儿准备丰富多彩的半成品及废旧物品,以满足他们的需求，促进大班幼儿创造力及合作意识的增强。

3. 要有针对性地设计、制作玩具

第一，要从各类教育活动的需要出发设计、制作玩具，幼儿园自制玩具大都有明确的学习内容和发展目标，可用于科学、语言、艺术、健康等教育领域。如小腰鼓可用于音乐活动，哑铃、篮球架、梅花桩等可用于体育活动。

第二，从幼儿年龄特征出发设计、制作玩具。如"小猫钓鱼"玩具是针对3～4岁幼儿的年龄特点设计的，可以培养幼儿的注意力、空间分析能力，还可以锻炼幼儿的手臂小肌肉，提高幼儿的手眼协调能力。

第三，从发展幼儿思维水平的目标出发设计、制作玩具。幼儿园自制玩具的设计包括直观层面、形象层面和抽象符号层面等三个不同的思维层面，其主要作用是针对幼儿的"最近发展区"提供支架式教育帮助，促进幼儿的思维水平从低级向高级发展。如"牙签屋"，属直观层面的玩具设计，能帮助幼儿理解房屋的基本结构。"摸一摸是什么水果"属形象层面的玩具设计，可帮助幼儿多感官了解物体形象，并能结合实际需要更换主题，如猜一猜是什么水果，猜一猜是什么动物，等等。玩具的表征内容和替代性设计是发展幼儿思维水平的重要方式。

（二）重视培养幼儿的动手操作能力

培养幼儿的动手操作能力，是学前教育的重要内容，对幼儿全面、和谐发展具有深远意义。幼儿的智慧体现在他们的手指上，要把培养幼儿的动手操作能力渗透在日常教育及生活活动中，玩具制作就是培养幼儿操作能力最好的方法之一。

1. 为幼儿制作的玩具应具有可操作性

操作、摆弄玩具的过程就是幼儿激发好奇心、求知欲的过程。因此，给幼儿的玩具应该是活动的、可操作的，让幼儿主动控制玩具而非被动适应玩具。如果给幼儿已装备好的电动火车或其他玩具，幼儿只能看看、摸摸，而幼儿参与操作、游戏的机会就被剥夺了。如果让幼儿从装配车轨开始到组装车辆、搭载货物等，使其沉浸在一连串的有趣探索中，幼儿必然会保持高度热情和长久的注意。

2. 为幼儿制作的玩具应具有可探索性

幼儿园制作玩具应能激发幼儿探索的兴趣，为幼儿的主动学习创造条件。

在过去，幼儿园自制玩具存在重玩具的装饰性、欣赏性但忽视玩具的可操作性倾向，往往使得自制玩具成了只能看、不能动的"看具"。近年来，教师在自制玩具的过程中已经具有明显的"可让幼儿动手操作"的意识，但一些自制玩具虽然具有可操作性，但是不具有可探索性，幼儿"动"几下就不想再玩了。玩教具的"可探索性"，不仅是指可让幼儿"动手"，更重要的是能够激发和维持幼儿在操作过程中动手动脑发现问题和解决问题的兴趣。

（三）引导幼儿参与玩具制作

陈鹤琴认为，玩具不一定都要花钱去买，能够指导孩子自己去做的，而且玩的时候多变化，也很好。目前幼儿园的玩具仍然存在着种类少和数量不足的问题。因此，幼儿园应鼓励教师因地制宜、就地取材，与幼儿一起制作玩具，减轻幼儿园在购置玩具方面的经济负担，来弥补玩具种类、数量的不足。

1. 提供低结构材料，让幼儿发现其价值

幼儿是玩具的主人，一个玩具能否促进幼儿的成长和发展，关键在于玩具是否符合幼儿的年龄特点和幼儿是否喜欢玩。什么样的材料可以被幼儿当作玩具？未必是成品的、精美的，很多半成品、低结构的材料在幼儿手上同样可以变成好玩的玩具。所以，教师可以为幼儿提供丰富的低结构材料，让幼儿发挥想象，将其变成玩具。例如，某幼儿园大班，教师在小医院的角色游戏区为幼儿提供了大型纸箱，幼儿将其想象成病床、急救箱、救护车等，玩得不亦乐乎。

2. 和幼儿一起将生活中的材料加工成玩具

幼儿动手制作玩具的过程是幼儿发现问题、解决问题的过程，在缺乏游戏材料时，教师可以引导幼儿从生活中取材，鼓励幼儿通过加工和创造将其变成所需的玩具。通过这个过程，激发幼儿对玩具制作的兴趣，培养幼儿的动手能力、想象力和创造力，丰富幼儿的感性经验。

3. 幼儿的绘画作品等可以作为玩具制作的材料

幼儿园有很多幼儿的绘画、手工作品，可以将这些作品作为制作玩具的原始材料。教师可以通过谈话、同伴讨论等形式，引导幼儿思考如何将自己的作品制成玩具。例如，幼儿喜欢拼图游戏，教师可以引导幼儿讨论拼图是如何制作的，思考自己如何制作拼图。经过讨论，幼儿知道可以利用自己以往的美术作品，进行分割、剪切，变成拼图碎片，就做成了拼图玩具。

（四）重视开发民间传统玩具

民间玩具作为传统文化的一部分以其独有的特点及价值，在幼儿发展中起着十分重要的作用。民间传统玩具以其贴近生活、贴近实际的特点成为幼儿园活动中不可多得的可利用的民族文化教育资源。

1. 民间传统玩具的优势

民间玩具是民间集体智慧的结晶，它与现代玩具相比，有着不可比拟的优势。

（1）能利用本土资源，有推广价值

传统民间玩具外观质朴，多为手工制作，如泥人、布老虎、陀螺、竹蜻蜓、竹水枪等，这些都能很好地利用本土的物质资源（如竹、木、沙、石、土等）及民俗文化资源，具有独特的价值。

（2）制作方法简单

民间玩具的制作方法大多比较简单，大多是对自然物的简单变形。比如把小竹片削成一边厚、一边薄的风叶，再在中间插上一根小棍，即成为幼儿喜爱的竹蜻蜓。

（3）可操作性强

民间玩具的操作性很强，能有效促进幼儿的动作发展。如幼儿可以在民间小作坊里玩"泥巴乐""编织坊""画坊""小木匠"等，在操作中体验快乐。

2. 民间传统玩具的利用

将民间传统玩具进行重新开发，引入幼儿园，可以尝试以下方法。

（1）应用在集体活动中

很多民间游戏、玩具适合在幼儿园的集体活动中开展，如陕西的幼儿园邀请当地的"面花"艺人到幼儿园为幼儿展示、讲解"面花"的创作过程。

（2）应用在区域活动中

在幼儿园的区域活动中，师幼可以共同创设农家小院、农家鱼塘、民间艺术小作坊等富有民俗特色的公共区域。比如：在农家小院里投放各种模具，让幼儿制作各种民间小吃；在小作坊里投放玉米皮、草、纸条、毛线等供幼儿编织……同时，各年龄班也可以创设不同的特色区域，如大班创设刺绣坊、棋区；中班创设民间加工坊、稻草制品坊；小班创设陶泥坊；等等。区域里可有计划地投放大量的民间玩具、材料或半成品供幼儿操作。

（3）应用在户外活动中

在户外活动中，教师可组织幼儿利用传统材料制作玩具进行游戏，如"好玩的纸卷"就是教师和幼儿共同用报纸做成各种纸卷，幼儿探索纸卷不同玩法的游戏。另外，教师可以提供一些民间玩具，供幼儿自由选择，如毽子、绳子、轮胎、小推车、风车、风筝、皮筋等。

（4）应用在自由活动中

很多民间玩具也是幼儿在自由活动中的首选玩具，教师可以将收集、制作的民间玩具放置在游戏区中，供幼儿在自由活动时游戏，如翻绳、五子棋、小沙包、陀螺、七巧板、挑棒及各种提线小偶人等。

二、幼儿园教具制作的指导原则

制作教具是幼儿园教师的一项经常性的工作，也是幼儿园教师的一项专业技能。幼儿园教师要能够根据幼儿的年龄特征和认知规律，结合具体教学内容，充分利用各种材料，设计、制作教具，为教学活动的顺利开展提供有利条件，促使幼儿在观察和操作过程中，培养认识事物的能力和实际操作的能力。

幼儿园教师在设计、制作教具时，应遵循以下几个原则。

（一）以促进幼儿的发展为根本

教具的制作、选择和运用是为了更好地引导幼儿学习，要以满足不同年龄段幼儿的发展需要为出发点，以促进幼儿的发展为根本。因此，在设计、制作教具的过程中，要充分考虑幼儿的年龄特征和发展水平，体现教具的层次性和有效性。

1. 教具制作要服务于教学需要

教具不是一般意义上的装饰品和手工品，而是服务于幼儿游戏、教育教学的材料和用具。它是教师为完成游戏、教育教学任务而精心设计和制作的。教师在教学活动中通过演示和操作，引导幼儿领会所学知识和启发幼儿实际操作。作为幼儿园教师，要善于在平时的活动中发现幼儿的兴趣，并根据幼儿的年龄特征制作出不同的教具，让幼儿能够做到在玩中学、玩中乐，从而达到教育教学的目的。教具制作材料的选择应尽可能立足于生活，利用自然材料和身边废旧物品，变废为宝，设计新颖别致的教具。

2. 教具制作要有助于幼儿发展

心理学研究表明，儿童掌握知识遵循"感知—表象—概念"的认识规律。教具的使用，能让幼儿在观察中学习，变被动的听为主动的学，充分调动幼儿的各种感官参与教学活动，从而感知直观形象的事物，获得感性认识，形成知识的表象，并引导幼儿积极探索。

幼儿在观察教师演示或操作教具的过程中，将教师讲解的概念和演示的操作过程再现或创新，手、眼、脑协调并用，从而将枯燥、抽象的概念转换为直观、感性的认识，逐步消化吸收，内化为自身的知识结构。

教具的制作与使用要考虑幼儿的情感需要。有的教师常常别出心裁地赋予水果、花草、树木以及几何图形等以生命，如为其添上大大的眼睛、穿上漂亮的衣服、安上灵活的四肢……从而使它们变得生动有趣、活泼可爱。教具的拟人化符合幼儿的年龄特征，能满足幼儿的情感需要。

3. 教具制作要体现层次性和针对性

教师在设计和制作教具时，除要考虑具体教学内容外，还要充分考虑不同年龄段幼儿的发展特点和理解能力。设计教具在观察或操作上要体现不同层次和要求，充分体现不同的难易程度，促使各个发展阶段的幼儿在观察和操作过程中都向各自的"最近发展区"迈进，让每位幼儿都能获得满足感，提升活动效果。

如在科学区域活动中，投放各种形状、颜色的珠子，引导幼儿按形状或颜色的一定规律穿珠子。幼儿的发展水平不同，操作时的排列规律也会有所不同。有的是单一特征的间隔排序，有的是数量递增的排序，还有的是两种特征的有规律排序。如在中班提供数与量匹配的点卡、实物卡的操作中，数概念发展较好的幼儿会将两张卡片相加、相减；方位感发展较好的幼儿会发现点、实物的不同排列方式；还有的幼儿会玩比大小、排队、接龙的游戏……幼儿的创造力远远超出我们的想象。

（二）教具所示内容符合科学原理

教具是教学的辅助工具，其作用发挥得如何取决于设计、制作的思路和所展示的内容。教具不一定要非常精美或复杂,但所示内容必须符合科学原理。不同教师制作的教具由于运用方法不同,所产生的效果也会不一样,所以教师应根据不同教学阶段的教学目的、内容和方法的需要,根据幼儿的年龄特征,制作符合科学原理的教具并且科学地运用教具,避免过多、过滥,使其真正有效地为教学服务。

1. 符合教学活动目标

教具的作用是为教学服务,而不在于它本身有多精致。有些教师认为教具越精美,教学效果就会越好。特别是在一些比赛课或公开课中,教师往往会事先花费大量精力制作自认为不错的教具,如新颖的模型、精美的图片以及多媒体课件等。其实,在活动中频繁地出示或替换教具,不仅会分散幼儿的注意力,而且也会浪费大量的时间,达不到良好的活动效果。教具从设计、制作到在游戏和教学活动中的运用,每一环节都要紧扣活动目标和活动内容,不能偏离主题。

2. 制作教具要具有科学性

幼儿园教师制作教具要具有科学性,包含两个方面:一是应当从它是否符合幼儿身心发展的特点和水平来思考。在制作教具时,要考虑教具所承载的知识、概念和原理是不是幼儿在学前教育阶段需要去学习的,幼儿是否能够真正理解这些知识、概念和原理。从当前幼儿园自制教具的情况来看,要注意避免小学化倾向。二是制作教具要反映科学原理,不能制作违反常识或科学原理的教具。在制作与运用教具时,教师要考虑教具的大小是否合理、比例是否恰当。如果教具的制作与运用有悖于常理,不仅会使幼儿形成错误的认识,而且会扰乱正常的教育活动。

3. 教具应直观易懂

教具应便于幼儿观察,要有助于幼儿对概念的学习和掌握,有助于幼儿思维能力的发展。例如,教具的形象应鲜明,能吸引幼儿注意,教具大小要适中,使所有幼儿都能看清,尤其是要能较好地体现教学内容,不要过分新奇,过多的细节会分散幼儿的注意力,影响幼儿对主要内容的感知。

(三)力求经济实用、物美价廉

幼儿园自制教具是否实用,要看教具运用时能否取得预期的教学效果,同时,不浪费时间、人力、物力。

1. 传统教具

许多传统教具运用起来简单、方便、有效,且制作成本较低。例如,教学挂图、实物模型、生物标本、标本的仿制品和模型等。

2. 一物多用

幼儿园教具的设计、制作要体现材料的综合性和功能的综合性,充分发挥教具一物多用、一物多玩的特点。这就要求幼儿园教师在制作教具时,把教具制作和幼儿游戏活动联系在一起,进行综合设计。教师可以充分利用废旧物品,如饮料盒、易拉罐、旧挂历、布料、秸秆等材料。同时,将制作好的教具摆放在不同区域,让幼儿在观察、操作、仿制过程中体验和学习。要想更好地发挥教具的价值,除了集体活动外,教师还应该利用区域活动、家园合作等方式进行活动延伸,进一步发挥教具的作用,为幼儿创设一个宽松、和谐的环境,引导其自主、自发、自由地活动。

3. 资源共享

幼儿园教师往往需要花费很多时间制作教具,如果教师之间、园所之间经常合作交流、互相学习,取长补短、资源共享,不仅可以减轻教师的负担,而且可以将教具的作用发挥到最大。例如,举办一些有益的公开课展示、观摩活动,促进经验的交流;同年级组的教师集体备课,一些信息资源实现共享;建立幼儿园教学网站,将一些有共性的资料汇总放入,便于教师下载。以多种方式将资源集中在一起,既能节省教师的时间,也能使更多的幼儿能够充分享用各种有趣、有用的教具,享受现代教育技术带来的便利。

(四)设计新颖别致

教师设计、制作教具时,应充分考虑幼儿的特点,要让幼儿喜欢,能引起幼儿的愉悦情感,激发幼儿的探究兴趣。因此,教具要设计新颖,构思巧妙,注意选用常见材料,工艺技术合理巧妙,不刻意追求精美。

教具的创新性主要表现在两个方面:一是构思新颖。自制教具在外形、结构、使用方法以及所用的材料等方面要独具一格或能推陈出新。例如,有教师利用废旧彩笔制作拼图教具,就具有创新性。二是有利于幼儿的想象和创造。一般来说,形象性的、开放性的教具有利于激发幼儿的想象和创造。

教具的创新性能使幼儿的学习兴趣得以稳定和持续。在选择教具时,局限于平时生活中的原物是不够的，教师可对教具在视觉、听觉、触觉、嗅觉等方面做些效果处理，使教具表现出适当的夸张而与众不同，以激发幼儿的学习兴趣。

在幼儿园，制作玩教具不仅是幼儿园教师的一项重要教育技能，而且逐步成为幼儿园的一项常规工作。在幼儿玩教具日趋多样化的今天，教师与幼儿一道制作玩教具有十分重要的意义，它不仅是工业化玩教具的必要补充，而且也是促进幼儿学习和发展、促进教师专业发展、促进家园合作的重要途径。

一般情况下，幼儿园教师在制作或指导幼儿制作玩具时，应考虑是否符合幼儿的身心发展特点，是否有助于培养幼儿的动手操作能力，幼儿是否喜欢参与玩具制作，同时还要重视开发民间传统玩具。幼儿园教师在制作教具时，要以促进幼儿的发展为根本，教具所示内容应符合科学原理，力求经济实用、物美价廉，设计新颖别致、富有创新等。只要幼儿园教师能高度重视教育教学或游戏中玩教具的制作，在科学思想的指导下，一定能制作出新颖实用、深受幼儿喜爱的玩教具。

第五章　幼儿园室内外空间环境创设

第一节　幼儿园空间环境创设的基本要求

一、确保幼儿的安全

幼儿园的空间环境要始终将安全放在首位，针对幼儿年龄小、好动好玩、不知轻重、缺乏自我保护意识与能力的这些特征，应将幼儿常活动、常出入的场地尽可能软化，而且在幼儿常出入和常接触的设施上要进行包角包边，将危险系数降到最低。

通常在幼儿园里，存在的一些容易忽视的安全隐患及注意事项有以下两点。

（一）客观因素的安全隐患

不要把热水瓶放在幼儿常常活动的地方，以免碰倒烫伤；电源插座不能太低，一般幼儿园的电源插座都设置在一米七以上，还要经常观察电线是否老化；建筑转角处和家具棱角处都要避免过于尖锐，防止幼儿碰伤挂伤；要时常检修课桌椅的钉子尖角是否凸现,经常使用的剪刀或刀片要及时收好,消毒液、蚊蝇药也要收进幼儿触碰不到的地方;等等。幼儿园不仅要避免危险,还要教会幼儿如何保护自己。

(二)主观因素的安全隐患

1. 幼儿园的管理

教师不宜留长指甲,不宜佩戴尖锐饰物;教师要在幼儿入园前,仔细检查孩子是否携带容易进入耳口鼻的细小东西;关房门或关车门时,一定要仔细检查里面是否还有幼儿;园内消防设施应齐全,教职工应经过消防安全的培训等。这些都要引起幼儿园管理者的重视。

2. 食品安全

食材的采买、运输、加工、餐具消毒等步骤,都必须经过严密把关,确保食品安全。

3. 幼儿活动的意外伤害

活动前教师应该注意检查幼儿的鞋带、衣物是否松散打开,还要检查运动器械和活动场地是否存在危险性;活动前后要清点人数,保证无幼儿丢失。除此之外,应该加强训练幼儿的自我保护意识与能力,防止意外发生。

二、适合幼儿行为发展

幼儿园环境对幼儿有着潜移默化的影响。首先,室内环境要在适应幼儿的兴趣和需要的同时,培养他们的探索精神,具体体现在幼儿、教师、家长的参与与互动的过程中,以激发幼儿在此种环境下的参与性、探索性、创新性;其次,在幼儿园户外环境中,幼儿能接触新鲜空气的同时,还可以在宽敞的场地上尽情玩耍、做游戏,同时也可以同小伙伴加深交往,使其身心得到释放,使幼儿获得愉悦的情感体验。

因此,幼儿园的环境创设必须考虑到是否符合幼儿的行为发展需求,要有让幼儿自由发展、自由活动的空间。

三、符合教育目标与要求

幼儿园的空间环境设计要考虑到能够给幼儿提供动手操作的机会。如根据幼儿好奇、好学、好问的天性，幼儿园可以在室内提供栽培多种花草植物的场地，在室外设置饲养小动物的场地，幼儿通过和自然界各种生物的接触，开阔眼界的同时，也能从浇花、除草、施肥、收获果实种子、喂养小动物等活动中获得知识，领悟自然。

四、适宜于地区的文化背景

幼儿园环境的创设要考虑结合本地区的文化背景，创设幼儿熟悉的社会文化环境，并且把有关本地人文景观的知识作为幼儿认识家乡、热爱家乡的教育点，这样有利于幼儿产生更真切的社会体验与情感体验。比如，京剧是北京地区特有的文化遗产，当地幼儿园可以针对京剧脸谱展开一系列的主题活动，使幼儿在认识、了解京剧脸谱的同时还可以加深对京剧脸谱的情感交流与社会体验。

第二节 幼儿园室外环境的设计

一、室外公共环境创设的整体布局规划

幼儿园室外环境指的是幼儿园基本建筑以外的场地、空间、材料、设施、设备等，根据其功能可以划分为景观区、休闲区、游戏区、运动区等。

（一）幼儿园园舍选址要求

许多幼儿园受用地面积、资金、理念等方面的影响，园舍选址和建筑并不理想，比如在工业区、商业区、改扩建区等。随着我国城镇化的推进，新建小区基本上都会有配套的幼儿园，园舍符合卫生和安全要求才可以开办幼儿园。

1. 周边环境要求

（1）自然环境——"优"

第一，幼儿园不能建在工业污染区和废气排放严重的地方，要远离污染源。

幼儿抵抗力较差，容易患呼吸道感染等疾病，所以幼儿园周围不能存在有害气体，更不能在排放大量有害气体的工厂附近。

第二，幼儿园要远离机场、大型工地、大型娱乐场等噪声污染严重的地方。

幼儿的听觉感官容易受损，无休止的噪声容易让幼儿受到伤害，所以施工的工地、大型娱乐场所、机场周边等都不适宜开办幼儿园。

第三，园舍周围没有大型建筑物遮挡阳光，室外日照时间长。

园舍不应是陈旧和阴暗的，所有的教室都应尽可能地有窗户（最好向南），因为昏暗的光线会影响孩子的学习和活动，容易使幼儿产生紧张和压迫感。周围布满高层建筑的地方不适宜建幼儿园。

第四，园舍室内外保持空气流通，没有装修异味，环保检测合格。

幼儿园的楼层一般不超过三层，室内要保持空气流通，如果没有窗户，要考虑幼儿园的通风问题并安装空调。幼儿所处房间的空气应该保持新鲜，没有装修异味。

第五，园内绿化面积不能低于占地面积的25%，绿化覆盖率不低于50%。

幼儿园内外绿化效果好有利于幼儿身心舒畅地学习和玩耍，要有足够的户外活动场地，建筑物的内外布置要体现美化、儿童化和教育化。

（2）安全隐患——"无"

第一，幼儿园周边建筑物，绿化，水、电、天然气等设施设备无安全隐患。

幼儿园的安全性在很大程度上取决于周围环境的安全性，幼儿园附近不能有生产、储藏易燃易爆物品的车间、库房；与城镇干道或公路之间的距离不应少于80m；园门不宜直接开向城镇干道或机动车流量每小时超过300辆的道路；园门前庭应留出一定的缓冲距离（以80~100m为宜）；园区内不得有架空的高压输电线路穿越。

第二，幼儿园周边交通设施良好，道路通畅，无交通安全隐患。

幼儿园便利的交通可以为家长接送孩子带来很大的便利，反之则容易影响家长和幼儿每天出入的情绪，影响身心健康。幼儿园正门一定范围内禁止停车，幼儿园附近的车行道和人行道应有序通行。

第三，社区秩序良好，管理规范。

幼儿园应选择在人口集中的社区开办，保证社区治安良好，应避免设在偏僻的地方或周围有破败楼房的地区，不能与公共娱乐场所、医院太平间、火葬场等不利于幼儿身心健康的场所毗邻。

2. 建设用地要求

2010年由教育部组织编写的《幼儿园建设标准（征求意见稿）》第三章第十八条指出，幼儿园建设用地包括园舍建筑用地、室外共用游戏场地、集中绿化用地。

园舍建筑用地：建筑用地包括建筑物、构筑物基底占地面积，校园内道路及广场，建筑物周围通道，房前屋后的零星绿地和分班游戏场地等。分班游戏场地生均 $2m^2$。幼儿园建设用地应按容积率计算（即建筑面积与建设用地面积之比）。幼儿园容积率不宜大于 0.65。

室外共用游戏场地生均 $2m^2$。

集中绿化用地：包括校园专用绿地和自然生物园地，生均不应低于 $2m^2$。

3. 园舍建筑要求

（1）合格的建筑和消防设施

房屋安全鉴定主要是房屋危险性级别鉴定，由第三方鉴定机构来做，有效期一年。小区配建的幼儿园在整体交付使用的时候，房屋安全鉴定和消防鉴定一般是符合标准和要求的。改扩建的幼儿园必须重新进行房屋安全和消防鉴定，通过鉴定才能使用，没有达到合格标准的必须马上整改，杜绝安全隐患。

住房城乡建设部2016年颁布的《托儿所、幼儿园建筑设计规范》中规定，托儿所、幼儿园的总平面设计应包括总平面布置、竖向设计和管网综合等设计。总平面布置应包括建筑物、室外活动场地、绿化、道路布置等内容，设计应功能分区合理、方便管理、朝向适宜、日照充足，创造符合幼儿生理、心理特点的环境空间。

（2）合理的功能分区

幼儿园园舍可以划分为主体建筑和辅助性建筑，主体建筑（教学楼）一般不超过三层，辅助性建筑包括园门、门卫室、宣传栏、户外园林建筑、自行车棚、升旗台、卫生间等。

幼儿园室内基本用房包括：班级活动用房（寝室、活动室、洗手间、厕所、隔离室、储藏室），厨房（主副食加工间、配餐间、食品仓库、消毒间、炊事员更衣室、煤气房等），保健室和隔离室，办公用房（园长办公室、教师办公室、财会室、安保室、成人卫生间），多功能室（图书室、音乐室、美工室、科技室等），教师用房（会议室、教具资料室、储藏室、档案室、电子备课室等），等等。

（二）室外公共环境区域划分

1. 景观区

亭台、厅廊、水池、花坛、座椅、雕塑、微地形……幼儿园的这些景观和公园的景观不同，应该是根据办园理念、品牌识别系统来设计建造的，不能是简单的堆砌和增减，应力求画龙点睛，提升环境文化品位。

（1）自然景观

自然景观包括园林建筑、绿化、花鸟虫鱼等内容。园林建筑的风格有中式、西式、花园式、农田式、苏州园林式等多种，可以根据办园理念选择一种与之相符合的景观设计方案。

幼儿园里的植物应该是"春有桃李争百花，夏有荷莲伴蛙鸣，秋来藤菊摘瓜果，冬日银杏树常青"，春夏秋冬的美景都应该收在幼儿园的自然景观里，并充分利用植物的形、色、味进行合理的搭配。生态环境好了，花鸟虫鱼自然会融入美景之中。

（2）人文景观

有历史、有故事的幼儿园应该充分挖掘人文素材，在自然景观中融入人文景观，比如文化遗址、微缩景观、雕塑、喷泉、壁画等，应至少有一处能够代表幼儿园的文化。景观池最好以干净的水源为主，有循环和过滤设施，还可以设计喷泉或者人工瀑布。

自然环境与幼儿发展关系密切，可以让幼儿充分接触自然元素，体验自然环境，并以不同的方式与之产生交互作用。

2. 休闲区

休闲区的设置应充分体现幼儿园的人文关怀，座椅应设置在幼儿园的最佳休息处，可以与亭、廊结合，可以在大树下、水池边，但不能影响行走。除了休闲长椅外，户外还可以有小圆桌和移动座椅，方便交谈。

有条件的幼儿园可以设置户外直饮水区，方便幼儿和家长在户外饮水。户外盥洗池可设置在沙水池、种植园地、户外画廊附近，以便幼儿活动后及时洗手。

休闲区还可以和幼儿园宣传栏结合起来，如电子屏、海报等，宣传幼儿园的理念、活动等，并定期更换。

3. 游戏区

（1）角色游戏区

可以根据幼儿园办园理念和场地设置户外角色游戏区，如某省公安厅幼儿园在园内规划了小型的道路交通游戏区，有小号的信号灯、人行横道、交通标志等，模拟真实马路场景；某省实验幼儿园崇尚农耕文化，幼儿全副装扮在农田里耕种、浇水、采摘等，体验耕种收获的乐趣；某幼儿园在操场的一隅设置了小型的商业街，有各式商亭，定期进行真实的买卖游戏；某幼儿园在户外建构材料中添加了锅碗瓢盆，幼儿自然就开始了"过家家"的角色游戏。此外，还可设置游艇码头游戏区等。

（2）野趣游戏区

野趣游戏区是指富有野趣的自然游戏场所。近年来，越来越多的幼儿园向安吉游戏学习，在户外设置各种野趣游戏区，如丛林探险等，让幼儿自由、自主地游戏。在野趣游戏区，投放的大多是自然材料，如木桩、木块、竹梯、沙石、绳等，幼儿凭借自身想象创造性地游戏，如搭建房屋或灶台、挖战壕、建造城堡等。

（3）种植养殖区

许多幼儿园都设有大型的种植区，如菜园、果园、花园，幼儿可以亲身参与播种、浇水和收获的全过程，阳台和室内也可以设置种植养殖区。由于疾病防控的要求，幼儿园内的养殖区越来越少，一些原来常见的兔子、禽鸟等都难以看见了，只剩乌龟、金鱼、热带鱼等。在比较安全的时候，可以让幼儿把家中养的小动物带到幼儿园给其他小朋友看，如兔子、鸟、刺猬、小仓鼠、昆虫等。

4. 运动区

（1）大型器械区

滑梯等大型游戏器械是幼儿园的重要标志，也是孩子们喜欢上幼儿园的重要原因。固定的游戏器械活动场地是幼儿园户外环境中的重要组成部分，有单一功能和多功能之分。

常用大型器械的材料一般是石材、木材、工程塑料、玻璃钢等，辅件有卡通造型、塑料绳、麻绳、网、滑轮、吊环、金属安全扣、软塑料或海绵保护设施等。

固定小型单一功能的运动器械有攀登架、滑梯、秋千、踩水车、钻圈、平衡木等。运动器械的安全性能应该放在第一位，高度、夹角、垂直距离、缝隙等都应该符合幼儿游乐的需求。

固定大型多功能组合运动器械是指含有 3~4 种功能的器械。固定大型多功能组合运动器械应该可以满足一个班级的幼儿（20~30 人）同时游乐的需求，并且不是都集中在一个项目上。应尽量避免全封闭的滑梯和通道。

（2）自主运动区

自主运动区是指面向全体幼儿，根据他们动作的发展需要、兴趣爱好和器械材料的不同特点，在户外设置的运动区，可以让幼儿按自己的意愿选择内容和器械，自由地摆放器械，自主结伴，自由地进行身体运动。

第一，可移动小型器械。可移动小型器械是指几个幼儿就可以搬动的小型器械，如足球门、篮球架、竹梯、长凳、平衡木、海绵垫、轮胎、滑板等。

第二，运动玩具。运动玩具是指球、车、绳、棒、圈等可以玩耍和进行幼儿体操项目的轻器械，包括教师和家长自制的运动玩具。

球：小皮球、羊角球、特大球、跳跳球、小篮球、小足球、小排球、板羽球、乒乓球等。

车：三轮车、滑板车、扭扭车、方形滑板车、小推车、三轮跑冰车、两轮跑冰车、自行车、健身车、踩踏车等。

自制运动玩具：降落伞、飞盘、高跷、拖拉玩具、沙包等。

（3）运动项目区

有条件的幼儿园可以设置专用运动场地，如幼儿篮球场、足球场、高尔夫球场、游泳池等，但场地的大小要符合幼儿的运动特点。

（三）室外公共环境创设指导

1. 人工与自然结合的策略

大多数幼儿园的室外公共环境都是根据使用要求来"人工造景"的，也有室外景观在原有自然物的基础上进行的设计，如沿山坡地形设计活动场地、保留原有树木或者移栽等。室外公共环境的创设要求如下：

第一，户外游戏场地的道路、地面、景观、山石及植物等都没有安全隐患。

第二，保留园内的大树和文化遗址。

第三，户外排水系统、消防栓等符合国家安全和卫生标准。

第四，场地开放，不设置障碍。

室外空间和场地的设置应保持开放性，一目了然，各分区之间尽量不设置障碍，有利于满足幼儿活动的需求。户外游戏环境可以分为静态游戏区和动态游戏区，动态游戏包括攀爬、荡秋千、奔跑、骑车等，静态游戏包括园艺、玩沙玩水、绘画和阅读等。在游戏区之间可以设置座椅、凉亭等休息站，进行动态和静态游戏的转换。

2. 景观与功能结合的策略

景观、休闲、游戏、运动四个功能分区并不是割裂开的，而是你中有我、我中有你的，每个区的标志和标志建筑既可以是景观，又可以是设施，可以进行更多科学和艺术相结合的设计。

第一，户外场地的设计要以功能为先，满足功能需求后，再考虑景观和材料。

第二，活动设施的高度、大小等都应以满足幼儿的要求为标准，符合幼儿的年龄特征。

3. 锻炼与交往结合的策略

幼儿每天在户外进行"三浴"（阳光、空气和水）锻炼，既有利于生长发育和身心健康，提高师生互动、幼儿间互动的频率，又有利于幼儿情绪平稳，发展平衡协调能力、创造力及组织能力等。

第一，户外场地和设施应有助于幼儿自主游戏和锻炼。

第二，户外游戏应满足 3～6 岁幼儿活动和发展的需要。

小班幼儿喜欢独立游戏和平行游戏，应在户外为小班幼儿提供可独处的小空间，如小房子、树屋、隧道等。

大班幼儿喜欢探索和合作游戏，应在户外设置探索性、实验性和操作性强的区域和空间，如嬉水区、迷宫、攀爬墙等。

4. 体验与操作结合的策略

户外游乐设施、种植养殖区、野趣游戏区、角色游戏区等除了能让幼儿锻炼身体外，还能给幼儿提供诸多体验和操作的机会，有利于幼儿集中注意力，促进幼儿认知水平、人际交往能力和人际关系的发展。

第一，室外的建筑、设备、器材、教玩具等都必须符合国家颁布的相关卫生标准和安全标准；设施设备的高度、大小、使用方法等都要杜绝安全隐患，避免尖锐设计。

第二，游戏材料和游戏内容应有利于激发幼儿的好奇心和探索欲望。

第三，游戏材料应有利于幼儿操作，如抚触、揉捏、拼接、搬动、摆放等。

室外公共环境的创设应有利于生生互动、师生互动、家园互动，让幼儿与环境主动"对话"。让幼儿主动、互动的前提是让幼儿对环境感兴趣，比如，能让幼儿主动探索、触摸、摆弄的户外运动器械，能让幼儿主动参与操作和体验的自然材料，能让幼儿流连忘返的树屋、迷宫、探险森林等。

5. 开放与多元结合的策略

开放的办园理念必然有开放的环境和设施，幼儿园应努力营造一个小小的生态圈，创设多元的环境文化，让幼儿以包容的心态接纳所有事物，将传统与现代结合，实现人与自然的和谐相处。

（1）中西文化的融合

幼儿园室外活动场地和活动设施的创设应以幼儿为主体，所有的环境创设都是为了促进幼儿的发展。但核心办园理念等精神文化的创设应以教师和家长为主体，符合教师和家长的审美趣味，因为教师和家长也是精神环境的一部分，他们在认知上的一致有利于对幼儿的教育。

环境主题和文化的创设要有利于幼儿世界观、价值观的形成；使用的材料要有利于幼儿的健康成长，并且能让幼儿看到材料所创造出来的独特美感；室外公共环境的视线要以幼儿的身高为标准；幼儿是环境的主人，他们对环境的需求大于成人的需求。

（2）人与自然和谐相处

第一，给幼儿提供私密空间。

第二，地面要有高低起伏。

第三，用自然材料作为幼儿的游戏材料。

第四，提供大片玩沙玩水的场地。

第五，提供饲养动物的空间。

二、围墙环境创设

（一）围墙环境创设的基本要求

幼儿园的围墙不应只具有保护安全的功能，也应是幼儿园文化和艺术的重要组成部分。根据不同的功能，可将围墙分为几大类，分别有理念、视觉和功能等要求。

1. 文化墙

（1）理念要求

第一，诠释办园理念。

第二，展现园史园貌。

（2）视觉要求

第一，风格与办园理念相符合。

第二，符合成人的视线高度。

第三，内容符合成人的审美需求。

（3）功能要求

第一，标志性墙面要坚固耐用。

第二，只在破损时更换，频率为5~10年。

2. 宣传墙

（1）理念要求

第一，凸显办园成果。

第二，感受领导关怀。

第三，宣传对外交流。

第四，宣传园内榜样。

第五，展示美术作品。

（2）视觉要求

第一，宣传墙的设计与环境设计风格相符合。

第二，宣传内容符合成人的审美需求。

第三，符合成人的视线高度。

（3）功能要求

第一，关注度高。

第二，墙面宣传内容做成活动的、容易更换的。

第三，在需要时更换，频率为半年。

3. 涂鸦墙

（1）理念要求

第一，给幼儿一个自由绘画和涂鸦的地方。

第二，教师和家长可以欣赏和参与幼儿的创作。

（2）视觉要求

第一，涂鸦墙的设计是环境文化的重要组成部分。

第二，符合幼儿的审美需求。

第三，符合幼儿的视线高度。

（3）功能要求

第一，可擦洗的墙面。

第二，随手可拿的作画工具（粉笔、丙烯颜料、水粉、水彩、刷子、水桶等）。

第三，配套洗手池。

第四，有雨阳棚。

4. 故事墙

（1）理念要求

第一，讲述幼儿园内发生的感人故事。

第二，讲述与核心价值观和办园理念相关的故事。

（2）视觉要求

第一，符合幼儿的理解和欣赏水平。

第二，采用手绘或者喷绘的手法制作。

（3）功能要求

第一，定期更换内容。

第二，能引起阅读者（幼儿和成人）的共鸣。

5. 绿化墙

（1）理念要求

第一，营造绿色幼儿园氛围。

第二，增加园内垂直绿化面积。

（2）视觉要求

第一，绿色藤蔓逐步覆盖某墙面。

第二，有常绿的藤蔓植物或季节性藤蔓花朵。

（3）功能要求

第一，爬墙植物浓密、覆盖率高。

第二，不能遮挡窗口的阳光。

第三，降低绿植覆盖的墙面温度。

6. 攀爬墙

（1）理念要求

第一，锻炼幼儿攀爬和手眼协调能力。

第二，满足幼儿安全攀爬的愿望。

（2）视觉要求

第一，攀爬墙上的支点颜色和墙面颜色对比强烈、显眼。

第二，符合幼儿的审美需求。

（3）功能要求

第一，有安全绳、保护网或软地面（软胶或沙地）。

第二，攀爬墙总体高度不超过 2m，墙面支点每两个距离不小于幼儿一臂长度。

7. 触摸墙

（1）理念要求

第一，给幼儿一个触手可及、随意触摸的地方。

第二，增强幼儿的触觉敏感性。

（2）视觉要求

第一，符合幼儿的审美需求。

第二，吸引幼儿触摸和感受。

（3）功能要求

第一，在幼儿容易触及的地方。

第二，使用多种材质，满足幼儿触觉发展的需要。

（二）围墙环境创设指导策略

1. 追求与整体建筑风格相融合的视觉效果

大门、围墙的设计风格要和整体建筑风格相融合，这种整体性体现在建筑风格、建筑材料、色彩、字体等方面。幼儿园整体的建筑和装修风格则要和办园理念相符合。

2. 充分发挥围墙的互动和教育功能

围墙的功能不仅是满足安全的需要，还有文化、宣传、涂鸦、故事、绿化、攀爬、触摸等类别的划分，更要发挥互动和教育功能。许多幼儿园会在门楣或者靠近大门的围墙上安装电子屏，显示通知消息、天气和食谱信息。

三、户外运动区环境创设

《3-6岁儿童学习与发展指南》中指出，幼儿每天的户外活动时间一般不少于两小时，其中体育活动时间不少于1小时，季节交替时要坚持。根据幼儿的身心发展规律，集体活动的时间大概是每天半小时，其余都是自主游戏的时间。

（一）户外运动区环境创设的基本要求

1. 运动场地的要求

幼儿园户外运动区的场地应该兼具多种功能，但还是要以运动和游戏为主，活动的内容不同，场地选择也应不同。

（1）人工场地

幼儿园的人工场地一般是宽敞和正规的场地，也叫操场，能满足幼儿每日户外集体活动和游戏的需求，比如早操、游戏等。人工场地应具有良好的排水系统，能让操场尽快恢复干燥的使用状态。

地面要求：人工场地的地面要求如表 5-1 所示。

表 5-1 人工场地的地面要求

类别	材质	适宜的运动	不适宜的运动	备注
软质地面	人工草坪	走、跑、跳、钻、爬、翻滚、投掷、踢足球	拍球	雨天地面干得比较慢
硬质地面	塑胶地面	走、跑、跳、钻、投掷、打篮球	爬	夏天地面温度高

画线的要求：①直跑道。长 20~50m，可供 4 队幼儿迎面接力。②幼儿篮球场。长 16~20m、宽 9~10m 的长方形场地，三分线和中线距离根据成人场地按比例缩小。③幼儿足球场。长 25~42m、宽 15~25m 的长方形场地，中圈区、罚球点、球门线可以根据成人场地的比例缩小。

配套设施的要求：①篮球架。可定制幼儿专用移动篮球架，底座需要钢制的（比较稳定，不容易倒）。篮圈到地面的高度为 1.6~2.1m，篮圈内直径为 42cm。幼儿一般使用 4 号篮球。②足球球门。球门宽 1m，高 0.8m，底座需要钢制的（比较稳定），钢架要有防护措施。护栏：有条件的幼儿园可以圈定一块场地建设标准的足球场，包括保护网，保证训练时球不会踢出来伤人。

（2）自然场地

顾名思义，自然场地就是自然界的原有场地，幼儿园常见的自然场地有山体、平地、坑池、树林等，教师应该因地制宜地组织户外活动和游戏活动。自然场地的地面要求如表 5-2 所示。

表 5-2 自然场地的地面要求

类别	地面性质	适宜的活动	不适宜的活动	备注
山体	山石	攀岩、投掷	跑、跳、钻爬、翻滚、平衡	山体的倾斜度、高度、大小、光线等条件应安全，适宜幼儿活动
山体	土坡	走、跑、滑、平衡、匍匐爬	跳、翻滚	
山体	山洞	钻、躲藏	跳	
平地	草地	走、跑、跳、翻滚、爬	拍球	平地上应减少障碍物
平地	沙土地	走、跑、跳	爬、翻滚	
坑池	水池	嬉水、走	跑、跳、爬	戏水池深度不超过 30cm
坑池	沙池	堆砌、挖坑等游戏	爬、翻滚	

续表

类别	地面性质	适宜的活动	不适宜的活动	备注
树林	索道	悬吊、滑索	单独游戏	尽量保留年代久远的大树，使之与建筑和游乐设施融为一体
	树屋	走、跑、钻爬、躲藏	翻越、跳	
	迷宫	走、跑、跳、平衡	翻越	

2. 运动器械游戏场地的要求

运动器械游戏场地是促进幼儿大肌肉发展的重要区域，要根据器械的功能和幼儿落地动作的特点等来决定对游戏场地的要求。

户外活动场地上的中、大型运动器械应固定安装在软质（草坪、塑胶、沙土地）地面上，器械之间要保持足够的安全距离。

（1）大型运动器械区

单一功能运动器械。越来越多的幼儿园采用原木定制单一功能运动器械，如攀登架、滑梯、秋千、踩水车、钻圈、平衡木、树桩等，这一方面是幼儿基本动作发展的需要，另一方面是园林设计的要求，原木的器材和草地、沙土地搭配比较合适。

多功能组合运动器械。多功能组合运动器械也称大型玩具，是幼儿园户外活动中最常见的器械，因为幼儿会在里面嬉戏玩耍，所以大多数幼儿园铺设了相对干净的塑胶地面，以求在游戏的过程中不至于弄脏衣服。运动器械的安全性能应该放在第一位，高度、夹角、垂直距离、缝隙等都应该符合2~6岁幼儿游乐的需求。

（2）移动器械区

小型器械。小型器械的使用场地并不局限于操场，而是根据游戏的需要移动放置，小型竹梯、长凳、平衡木等小型器械应以几个幼儿能搬动为标准，摆放器械的场地要求地面不能湿滑。小型器械可根据需要分散或集中放置。

童车和滑板。童车和滑板一般在较光滑和平坦的地面使用，如塑胶地面、水泥地面、大理石地面等，草地和沙地阻力大，不太适合使用。

（二）户外运动区环境创设指导策略

1. 符合幼儿年龄特点和基本动作发展的规律

幼儿园大型运动器械区也称大肌肉活动区，能满足3~6岁幼儿混龄、自由的活动，所以既要保证给大年龄段的幼儿激烈和充满挑战的游戏体验，也要保证给小年龄段的幼儿安静、能感到心理安全的活动体验。

2. 因地制宜地选择空间和场地

幼儿园移动器械区包括小型器械、童车和滑板、球类运动区等，应根据器械和幼儿活动的特点，因地制宜地选择不同的空间和场地。

童车和滑板除了可以投放在室外平滑的场地，还可以投放在室内大厅和走廊等相对空旷和安全的地方，周边要有安全的防护措施。

3. 根据园所特色课程设置运动场地

幼儿园根据课程的需要可以设置足球场、篮球场、游泳池等。

幼儿足球场：幼儿足球场是长方形的，根据幼儿年龄特征和运动特点，可确定一个范围，即长25～42m、宽15～25m，中圈区、罚球点可以根据比例调整。幼儿一般使用3号足球。

幼儿篮球场：成人篮球场的尺寸为长28m、宽15m，幼儿篮球场可以根据此比例缩小为20∶10或16∶9，保证是一个长方形场地，三分线和中线距离以此类推。可定制幼儿专用移动篮球架，篮圈到地面的高度为1.6～2.1m，篮圈内直径为42cm。幼儿一般使用4号篮球。

幼儿游泳池：幼儿园室外游泳池出于安全考虑一般都是戏水池，平面形状和尺寸不限，深度为0.3～0.6m，有条件的幼儿园可以考虑修建恒温游泳馆，泳池水深0.6～1.3m，泳道长度不超过12m。

4. 充满野趣与挑战的运动环境

浙江安吉游戏、山东利津游戏、日本富士幼儿园、德国华德福等的户外环境创设都是以自然、生态为主要特征，打造"丛林""森林"的自然环境，让人与自然和谐相处，让幼儿在游戏中锻炼身心。

野趣探索区的配置原则是给幼儿提供尝试、探索和挑战的空间和场地，要想让游戏更富有创造性和挑战性，可以将固定的器械和移动的器械结合在一起使用。我们应努力从生活中取材，在情境和角色中发现幼儿的闪光点，让天赋的发展更自由，让每一个创意都能得到实践。

四、戏水玩沙区环境创设

(一) 戏水玩沙区环境创设的基本要求

玩沙和戏水是发展幼儿触觉的重要游戏,沙和水也是幼儿认识地球环境的重要途径,堆砌、流动、挖掘、挤压、冲刷等物质运动的概念只有在游戏中才能建立。

幼儿园应开辟户外玩沙和戏水的区域,在游戏中设置情境和角色,让幼儿在沙堆中掘路、挖沟、堆山、筑隧道等,并提供多种玩沙和戏水的设备,通过玩耍认识物质的特性。

场地有限的幼儿园可以配备移动的玩沙戏水设施。戏水玩沙区环境创设的基本要求如表5-3所示。

表5-3 戏水玩沙区环境创设的基本要求

类别	理念要求	功能要求	辅助材料
游乐体验区	1. 给幼儿提供自由玩沙和玩水的空间和场地 2. 发展幼儿的手眼协调能力 3. 帮助幼儿愉快地融入情境和角色,正确使用工具和材料	1. 沙池深0.3～0.5m,位置尽可能选择向阳背风处,有利于幼儿玩沙时进行日光浴,并对沙土起消毒作用 2. 沙池应使用细软的天然黄沙,避免使用白沙及经工业加工的有色沙,禁用石英砂等工业用砂	应根据玩沙、戏水场地的大小,配备充足的玩沙、戏水的玩具
科学探索区	1. 探索沙、水等物质的特性 2. 建立堆砌、流动、挖掘、挤压、冲刷等物质运动的概念	1. 尽可能在沙池的附近设置玩水区 2. 沙池应有良好的排水功能	1. 户外活动场地中应设立储藏空间,便于取放游戏器材 2. 应确保沙池具有良好的管理状态

(二) 戏水玩沙区环境创设指导策略

1. 有主题的戏水玩沙区

(1) 根据课程内容选择主题

顾名思义,"有主题"就是和主题活动相关,一旦游戏被赋予情境和角色,就会有规则和挑战性,春季种植、夏季玩水、秋季葬花、冬季堆雪人等都是很好的游戏主题，幼儿园应根据课程内容选择合适的戏水和玩沙的主题。

（2）根据主题和幼儿的年龄特征提供适宜的游戏材料

与主题相关的游戏需要提供相应的游戏材料，比如"在沙地上种树"的游戏需要提供"树"的象征物和游戏材料，还有小铲子、小桶等；"建造农场"的游戏需要提供仿真的小动物等，像主题建构游戏一样，让幼儿在游戏中了解各种关系。

2. 无主题的戏水玩沙区

（1）给无主题游戏提供充足的时间和场地

无主题的戏水玩沙区就是每个幼儿园在户外设置的沙坑或水池不限主题、不限材料，游戏的时候幼儿把工具和材料带到场地，游戏结束之后收起来。

（2）引导幼儿自己挖掘主题和角色

无主题的戏水玩沙区有时候会无用武之地，因为幼儿不知道怎么玩才会好玩。没有赋予角色和主题，当然就没有规则，教师把幼儿放过去会嫌脏乱，幼儿也不觉得好玩，久而久之就会无人问津，教师应有意识地引导幼儿挖掘主题和角色。

五、种植养殖区环境创设

（一）种植养殖区环境创设的基本要求

地球因为有生命而变得精彩。幼儿园的种植和养殖活动能够帮助幼儿了解大自然中的生老病死，人们对待生命的态度将直接影响其生命质量。种植养殖区环境创设的基本要求如下所述：

1. 植物或花卉观赏区

（1）理念要求

第一，利用植物和花卉营造园内春夏秋冬的美景。

第二，充分利用植物的形、色、味进行景观设计。

（2）视觉要求

第一，春有桃李争百花，夏有荷莲伴蛙鸣，秋来藤菊摘瓜果，冬日银杏树常青。

第二，种植在幼儿的视线范围内。

（3）功能要求

第一，园内有季节性植物和花卉。

第二，植物生长茂盛，挂介绍的名牌。

2. 蔬菜或水果种植区

（1）理念要求

第一，引导幼儿亲近自然，近距离观察蔬菜和水果的生长，参与浇水、采摘等过程。

第二，以班级小菜园和小果园的形式让幼儿管理蔬果，培养幼儿的责任感。

（2）视觉要求

第一，小菜园划分成方块，一目了然。

第二，设置简易大棚，种植蔬菜和水果。

（3）功能要求

第一，每个班级可划分小块菜园和果园，种植不同的蔬果，感受蔬果生长的全过程。

第二，可随手拿到劳动工具和材料。

3. 水生动物养殖区

（1）理念要求

第一，给幼儿一个安静观察和喂食水生动物的地方。

第二，将花鸟虫鱼融入自然美景之中。

（2）视觉要求

第一，园内修建的生态景观有假山石、小瀑布和鱼池、龟池等。

第二，大型鱼缸内要添加适量的水草、小石子等增强画面感。

（3）功能要求

第一，大型鱼池要有活水或者污水处理系统，主要养殖锦鲤等观赏鱼。

第二，乌龟等食肉水生动物要和鱼分开养。

第三，饲料要妥善保管，避免喂食过量。

4. 禽类养殖区

（1）理念要求

第一，营造人与动物和谐相处的环境。

第二，让幼儿认识常见的家禽和鸟类，并了解它们的生活习性。

（2）视觉要求

第一，家禽和飞禽分开饲养，家禽需要一定的场地奔走，飞禽需要一定的空间飞翔。

第二，可以成双成对地养。

（3）功能要求

第一，家禽饲养主要是将鸡、鸭、鹅、鸽子、鹦鹉等放在笼、栏里圈养，并把观赏区和饲养区分开，不让幼儿近距离接触。

第二，禽类笼栏要方便打扫、消毒。

5. 小宠物养殖区

（1）理念要求

第一，营造人与动物和谐相处的环境。

第二，让幼儿认识常见的小动物，并了解它们的生活习性。

（2）视觉要求

第一，可修建专门的小宠物房舍，有观看区域。

第二，宠物房舍应能遮风挡雨，有利于清扫。

（3）功能要求

第一，小宠物指的是兔、仓鼠、荷兰猪、刺猬等小动物。

第二，小宠物的房舍要方便打扫、消毒。

第三，繁殖太快的小宠物不宜养殖，如小白鼠。

（二）种植养殖区环境创设指导策略

1. 在美的感受和体验中提高教师和幼儿的艺术素养

人们种植植物，植物美化环境，园林设计是一门高深的艺术。幼儿园里应该有园艺欣赏的内容，教师和幼儿耳濡目染，并参与环境创设，自然会提高艺术修养。

2. 激发幼儿好奇心，引导幼儿进行科学探索，发现动植物生长的现象和规律

适宜幼儿园养殖的水生动物并不多，金鱼和乌龟是比较容易养的观赏动物。幼儿园可以把生态鱼池建在户外，也可以建在大厅和走廊，或者在室内陈列观赏鱼缸。

第三节 幼儿园室内环境的设计

幼儿园的室内公共环境是每个幼儿都能感受、触摸的地方。"幼儿园室内公共环境"界定为幼儿园内除室外和班级以外的其他公共集体活动场所,包括走廊、门厅、楼梯、专用功能室等。室内公共环境的整体创设虽然对幼儿的作用不是直接的,但是它能给人以潜移默化的影响,并且能体现一个幼儿园的办学风格和教育品位。在整体布局上,应充分体现"以幼儿发展为本"的教育思想。布局设计规划时,应遵循幼儿园环境创设的原则,使整个环境充满教育性、趣味性、艺术性。

一、厅廊环境创设

(一)厅廊环境创设的基本要求

厅廊是师生和家长进入幼儿园的第一印象,第一印象十分重要。在墙体上设计一些园所文化标识与文化活动展示的区域,可展示幼儿园风采。只有充分利用自身的空间优势,进行巧妙的布局规划,环境设计才能体现积极的作用。

1. 大厅环境创设的基本要求

(1)彰显园所文化

大厅文化是眼睛,是心灵的窗户,心灵的美靠我们的眼睛来传达。我们通过大厅能看到幼儿园的什么呢?幼儿园大厅会给家长和孩子留下关于幼儿园的第一印象,因此一般都会有一面校园文化墙,将办园理念、园训、园风、办园特色等一一呈现,体现幼儿园的文化内涵。

(2)凸显家园共育

幼儿园大厅是全园每个家长接送幼儿的必经之地,在创设幼儿园大厅环境时，一定要考虑家园共育，如创设家长休息区、亲子阅读书吧、家长园地等，让家长参与幼儿园的管理，体现家园共育。

（3）富有园所特色

每个幼儿园都有自己的办园特色，进入幼儿园后第一眼看到的大厅就应该体现浓厚的特色文化，如艺术、科技、中国传统文化等。

（4）营造艺术氛围

环境创设必须有艺术性，这样才能给人以美感和艺术的享受。幼儿园大厅作为一个园所的门面，还需要营造出艺术的氛围。

2. 走廊环境创设的基本要求

走廊，即幼儿园建筑中连接楼层与教室的部分。走廊作为幼儿园的室内公共环境，是每个幼儿都能接触、感受的地方，也是幼儿自由活动的地方，在这个空间，幼儿能创造出教师无法预设的精彩。可充分利用走廊地面、墙面、顶面三维空间创设走廊环境。

（1）走廊环境是通行与展示功能的集合

走廊位于幼儿活动室门口，是幼儿和家长的必经之路。在创设走廊环境时，既要保证走廊通道宽敞无障碍，又要将走廊墙壁和顶面充分利用，将通行与展示功能相结合。

（2）走廊环境是沟通与传播功能的集合

走廊一般贯穿幼儿班级区域和教师办公区域，无论是在哪个区域，都应通过创设适宜的环境，发挥师生沟通、家园沟通、师师沟通和宣传传播的功能。

（3）走廊环境是培养幼儿学习与提高认知功能的集合

在创设走廊墙面环境时，应围绕主题探究课程，师生、家园共同创设幼儿学习主题墙环境；还可以利用走廊顶面，创设符合幼儿年龄特点、具有教育功能的吊饰，让走廊环境发挥提高幼儿认知能力和培养幼儿学习能力的作用。

（二）厅廊环境创设指导

1. 大厅环境创设指导

（1）主题鲜明，富有童趣和园所特色

在创设大厅环境时，要考虑与幼儿园的整体风格一致，选择有趣、可爱，符合幼儿的年龄特点，能够体现园所特色的艺术元素来创设环境。如果整体风格和园所特色是体现中国传统文化，那么可以用大红色、中国娃娃、中国结、青花瓷、灯笼等元素。

（2）彰显园所文化，体现教育目标

大厅是体现园所文化最直接的地方，在创设大厅环境时，一般会创设一面校园文化墙，利用图文并茂的方式展示办园理念、特色、宗旨等内容，体现教育目标。

（3）发挥大厅环境的宣传和互动功能

大厅是师生及家长每天必经的地方，可以因地制宜地安排几个板块介绍园所发展历程、教师队伍、幼儿活动、幼儿食谱、家园互动等内容，张贴一些幼儿园的规章制度，营造开放互动的氛围，发挥宣传的作用。

2. 走廊环境创设指导

（1）注重年龄特点与幼儿发展

一般情况下，同一层楼都是年龄相近的孩子，每层楼的走廊环境创设要根据孩子的年龄特点和发展需求来确定鲜明的主题，形成不同的特色。如创设小班走廊时，要体现温馨、童趣，可爱的娃娃、憨态可掬的熊猫、甜甜的棒棒糖等都是不错的选择；创设大班走廊环境时，可以选择宇宙飞船、创意汽车等能激发孩子想象力和创造力的内容，还可以安排交通知识、安全知识等内容。

（2）注重将地面、墙面、顶面有机融合

从幼儿的审美情趣出发，可以将走廊的地面、墙面、顶面三维空间有机融合，创设充满立体感的走廊环境，使走廊成为幼儿感受美、理解美的地方。如万物更新的春天，如果走廊墙面围绕"春天来了"的主题进行布置，那么顶面可以制作一些生机勃勃的柳条悬挂，折叠一些五彩缤纷的小鸟在绿柳间飞翔；地面可以做一条"脚印小路""调皮毛毛虫"等。这样长长的走廊就变成了一个春意盎然的世界，可以拉近幼儿与大自然的距离，激发幼儿的探究欲望。

（3）注重师生、家园共同参与

走廊环境创设不是教师单方面完成的，环境创设的目的就是为幼儿发展创造条件，调动幼儿的积极性和主动性。具有互动式因素的环境更容易吸引幼儿去参与、操作和探索，在这种环境中，幼儿才能真正成为主动学习者。同时，家长的参与也是非常重要的，可以发挥家长的特长进行走廊环境创设，让孩子、家长更有亲切感。比如，依托传统节日活动创设的"大家来过端午节"这一走廊环境，孩子、家长、教师共同收集端午节的图片、赛龙舟的照片，孩子们用绘画、手工等作品布置墙面；家长可以包粽子、手工编织盐蛋网，教师可以在走廊角落里摆几把小藤椅，备上几杯清茶，营造一个既热闹又温馨的过节环境，使师生、家长置身于共同参与创设的环境中，其乐融融。需要注意的是，走廊环境不是一成不变的，要根据主题、对象、发展水平及时进行调整。

二、楼梯环境创设

楼梯是建筑物中楼层间垂直交通用的构件，用于楼层之间和高差较大时的交通联系。15～16世纪的意大利，将室内楼梯从传统的封闭空间中解放出来，使之成为形体富于变化且带有装饰性的建筑组成部分。在幼儿园中，楼梯是孩子上下楼的通道，教育者应创设优美舒适的楼梯环境，使之蕴含丰富的教育因素，让幼儿在每天上下楼的过程中潜移默化地受到教育。

（一）楼梯环境创设的基本要求

1. 科学规划，合理布局

在楼梯环境创设的基本要求中，安全是第一位的。这就需要创设者从安全性、可行性方面充分考虑园所楼梯的实际情况，合理布局，科学规划，不能妨碍楼梯的通行功能。一般会在墙面上做一些简单的布置，内容以教师和幼儿的美术手工作品、幼儿园开展各类活动的照片、安全提示标识为主，以平面作品为宜。如果转角处较宽敞、明亮，可以放几个小布艺沙发作为过渡空间，为儿童提供短暂歇息的场所，但是要注意物品不能太多，不可让幼儿逗留的时间过长。

2. 因地制宜，体现环境教育的价值

"一日活动皆课程"，在幼儿上下楼梯的环节也蕴含丰富的教育因素。这就需要教师在环境创设方面充分挖掘有教育价值的因素，发挥环境的育人功能。如在楼梯地面粘贴向上、向下的标志，在台阶上标数字，粘贴靠右走的小脚丫提示标志，等等。

（二）楼梯环境创设指导

楼梯的装饰应简单、明快，色彩不宜过多，坚决避免环境表现过度导致的儿童逗留时间过长、拥挤，甚至推搡现象，防止意外发生。

第一，从材料的选择来看，楼梯地面必须防滑。木质楼梯最好，或者铺上防滑地垫。两边必须有扶手栏杆，与幼儿身高相匹配。色彩应与幼儿园的整体风格一致。

第二，从布局来看，讲究错落有致。在进行环境创设时，要考虑适宜性原则。即在与幼儿视线平行的环境创设方面，以幼儿参与为主，让幼儿有亲切感。如张贴幼儿的美术作品、照片和幼儿喜欢的卡通形象等。幼儿视线以上的部分可以与园所文化主题相结合，以教师和家长的参与为主，如张贴幼儿园活动的照片、艺术作品等，还可以在顶面悬挂一些装饰点缀。这样错落有致、有层次感，也符合幼儿的年龄特点。

第三，从内容选择来看，应充分挖掘"台阶"这一楼梯环境中最特殊的部分所蕴含的教育价值。创设一些标志环境，如依次在台阶上贴阿拉伯数字，向上、向下的标志，靠右行走的标志，等等。此外，还可以在幼儿上下楼的地方贴上小脚丫的标志、安全提示标识等，既能美化楼梯环境，又能让幼儿在每天上下楼的过程中潜移默化地接受教育。

三、幼儿园专用功能室环境创设

幼儿园专用功能室（又称园所专用功能室）是一种开放的活动环境，在功能室中，教师鼓励幼儿自主选择、自主探索，在和材料、环境的相互作用中获得身体、情感、认知和社会性等方面的发展。专用功能室能弥补班级活动中的不足，打破年龄的界限，最大限度地实现资源共享。

（一）专用功能室的分类与功能

1. 专用功能室的分类

专用功能室是教师和幼儿共同创设的供幼儿进行主动探索的活动空间，是发挥多种教育功能的活动区域，已经成为幼儿园课程资源的一部分。相对于班级活动区域来说，它能打破年龄的界限，提供更丰富的材料和空间，有更大的教育价值。从促进幼儿身心和谐发展、社会性发展、认知能力发展、表现力与创造力发展等方面来说，可以将专用功能室分为图书室、美术室、科技室、音体室等，还可以在幼儿园场地允许的情况下，创设与实际生活相联系的社会体验功能室。

2. 专用功能室的功能

皮亚杰提出，幼儿在与环境的互动中学习这一理念。专用功能室最主要的功能是弥补班级活动室空间的不足，既能为幼儿的充分活动提供可能，为幼儿的自主发展提供保证，同时也是幼儿园办学理念的体现，是个性化办园的展现，是幼儿园发展的关键。幼儿园专用功能室能够保证幼儿全面、充分、和谐地发展，是幼儿园教育质量整体提升的又一标志。

（1）图书室的功能

图书室的功能主要是为幼儿提供安静温馨的阅读环境，让幼儿通过听、读、看，获得精神上的享受，开阔视野，丰富生活经验，同时增强想象能力和学习语言技巧，让幼儿从书中获得更多的社会、自然知识和大量的生活经验，学习新的词汇与语句。在色彩上，图书馆应采用清新淡雅的色调，为幼儿营造安静、轻松的阅读环境，让幼儿能专心地沉浸在图书的世界里；在造型上，对环境进行合理创设，使图书室成为最舒适，最宁静，最令幼儿向往的地方；在内容上，设计应体现内涵，应给孩子更多的自由交流空间。

（2）美术室的功能

美术室优美的环境能传递给幼儿各种信息和刺激，使幼儿在潜移默化中受到文化艺术的熏陶，提高幼儿对美的感受能力。因此，美术室的物质设备、空间布置、墙饰美化等都应精心设计，保证整体环境和谐优美，体现美的原则和规律。如在园内外的墙壁上适当安装一些多宝架或搁板架，陈列一些用泥、木、石、金属、石膏等材料制成的雕塑作品，发展儿童的空间感知能力，使幼儿随时随地都能观察、欣赏这些艺术作品，受到艺术作品的熏陶。此外，应给幼儿提供可集体作画的磁砖墙、水泥墙、黑板或大张画纸，也可给幼儿提供小画板、小画夹，以利于幼儿室外作画。幼儿园还应当给幼儿提供进行美术创作活动的材料。幼儿通过自己选择材料、工具，用不同的材料进行粘贴、造型，发展自己的感知能力，加强对各种材料的认识。

（3）科技室的功能

《幼儿园教育指导纲要（试行）》指出，幼儿园应"提供丰富的可操作的材料，为每个幼儿都能运用多种感官、多种方式进行探索提供活动的条件"。幼儿园的科技室面向各个年龄段的幼儿，应创设科学探索的环境和氛围，提供不同标准的操作材料，使幼儿获得丰富的感性经验，萌发热爱科学的情感，促进幼儿科学素质的提高。

（4）音体室的功能

音体室是全园幼儿共用的活动室，从活动性质来看，更适合开展各种大型活动，可作为音乐、体育、大型游戏、全园集会的场所。一般设有宽阔的舞台，能够培养幼儿对音乐舞蹈的爱好，让幼儿表现美、创造美。

（二）专用功能室的设计和材料投放策略

1. 专用功能室的设计原则

（1）目的性原则

每个专用功能室在设计时都应该考虑教育性，只有目的明确，才能有效促进幼儿发展。如美术室环境创设要体现强烈的艺术冲击力与感染力，给幼儿以美的感受；图书室要注意营造温馨和谐的氛围，培养幼儿安静看书、喜欢阅读的习惯；音体室的环境创设应显得明亮、宽敞、大气，有利于幼儿积极表达和展示；科技室要让幼儿仿佛置身于科学的海洋，愿意在其中探究玩耍，有利于提高幼儿的科学素养。

（2）适宜性原则

功能室的设计和提供的材料必须符合幼儿的年龄特点，适合幼儿游戏，能让幼儿获得发展。

（3）丰富性原则

丰富性主要体现在功能室的分类和材料的提供方面。应根据不同年龄段孩子的需求、不同功能室的特点，提供丰富的材料。

（4）层次性原则

在创设功能室和提供材料时，不能搞"一刀切"。应针对不同地区、不同功能室、不同年龄段的孩子，创设不同的环境，提供有层次的材料。此外，还要及时更换功能室的材料，不能一成不变，要给孩子以新鲜感。

（5）操作性原则

功能室的创设不仅是为了美观，更重要的是为了有效提高幼儿动手、动脑、动口的能力。

2. 专用功能室的材料投放策略

（1）图书室

第一，材料投放策略。

家具温馨：图书室的环境和桌椅、书柜以温馨为主调，以布艺沙发、卡通造型为主。

层次性：投放的书籍应考虑不同年龄段幼儿的需求，提供不同层次的绘本、图画书等。

多样性：投放书籍时，可以有纸质书、布艺书、幼儿自制书、电子书等，供幼儿自由选择。除了书籍以外，还可以投放一定数量的手指玩偶，能力强的幼儿可以表演图书内容，形成生生互动。

第二，投放材料。

图书、绘本、电子图书、挂图、手偶等。

（2）美术室

第一，材料投放策略。

丰富性：美术活动涵盖绘画、手工、玩色、泥工、沙画、利旧利废制作等。在提供材料时，必须注意丰富性。

安全性：无论什么材料，都应该是无毒无害的，要保障幼儿操作时的卫生安全。

独特性：美术室的材料应该不同于班级中一般的美术材料，应更加有特点、有变化，如沙画机、陶泥机等。

可变性：为了激发幼儿的创造力和想象力，在提供美术操作材料时，可以选择树枝、树桩、软陶、纸盒、软布等。

艺术性：美术室应该是最具艺术特色的地方，在提供材料时，应充分考虑艺术性，每一样作品、材料都要给人以艺术的享受。此外，还可以在墙面布置一些艺术大师的作品，营造氛围。

第二，投放材料。

可根据空间大小，将美术室划分成绘画区、泥塑区、手工制作区等，为孩子营造有序的学习空间。可以投放美术操作材料，如旧椅子、废纸箱、瓶子、石头、甲鱼壳、螃蟹壳、旧鞋子等安全卫生的废旧材料，手工制作的机器，以及艺术大师的作品等。

（3）科技室

第一，材料投放策略。

科学性与教育性相结合：科学操作活动是非常严谨的，提供科技室材料时，要注意激发幼儿对科学现象和数学认知的探究欲望，促进幼儿的科学性发展。

丰富性与层次性相结合：科学现象无处不在、丰富多彩，但不是每一个科学活动都适合幼儿去探索。在提供科技室材料时，既要考虑材料的丰富性，又要考虑孩子的年龄特点和发展水平。比如：大班幼儿对光、电、力、水能等科学现象更感兴趣，可以让他们尝试记录实验结果；小班幼儿对身边常见的一些现象有兴趣，如几何图形、水、沙等。因此，投放操作材料时要体现层次性。

趣味性与启发性相结合：科技活动最重要的是培养幼儿对科学现象的兴趣和爱好，避免枯燥生硬。在投放材料时，要围绕幼儿的兴趣，能够让幼儿进行挑战并获得成功感，在活动中提升科学素养和学习品质。

安全性与经济性相结合：为幼儿提供的操作材料必须保证无毒、环保，保证幼儿在操作过程中不受到任何伤害。材料可以是现成的科技操作材料和数学操作材料，也可以从经济性的角度考虑，用生活中常见的、干净卫生的废旧材料。

第二，投放材料。

投放的材料可分为科学现象类、环境科学类、生命科学类、科学技术类等。既可收集安全卫生的废旧材料，如各种纸盒、绳子、瓶罐、管子、木块、布等，也可为幼儿提供各种小工具，如剪刀、胶水、笔、尺、螺丝刀、榔头、起子等。为了让幼儿学会正确、安全地使用工具，应给每样工具配上使用说明（以图片形式），并在较危险的工具上做上标记，提醒幼儿小心使用。科技室能最大限度地满足幼儿自主学习的需要，进一步激发幼儿动手实践、体验成功、不断创新的强烈愿望。

（4）音体室

第一，材料投放策略。

教育性：音体室是开展音乐、体育、大型游戏活动的场所。可围绕这些方面有针对性地投放相应的材料，如乐器、表演道具、室内体育用品、音响等，以利于孩子与材料进行互动，获得艺术收获和促进身体协调发展。

安全性：幼儿在音体室的活动量一般比在各班活动室要大。因此，在进行室内设计时，对幼儿最易接触的地方——地面，要充分考虑材料的安全性，以木地板为宜，不宜用既冷又硬的地砖、花岗岩等。

开放性：投放的材料应该能激发幼儿的创造灵感和艺术表现，幼儿可以运用多种材料，多方面表现，以开发幼儿的创造性思维和艺术感受力、表现力。

第二，投放材料。

可投放音响、话筒、各类乐器、表演服饰、道具等。

第六章　幼儿园活动区环境创设

第一节　幼儿园活动区的规划与功能

一、班级活动区概述

（一）班级活动区的概念

活动区的概念最早由蒙台梭利提出，经过长期发展形成了现在的理论与实践系统。20世纪90年代，一些留学归来的学者从国外引入了区域活动的概念，在国外，活动区也称为学习中心（Learning Center）、游戏区（Playing Area）等。综合国内外研究，班级活动区是指教育者根据幼儿的兴趣与能力，在活动室内或室外设计多样化的情境，提供丰富的材料，让幼儿自主地探索游戏的空间。班级活动区是幼儿主动建构的学习场所，是幼儿园课程实施的重要载体，为幼儿游戏提供丰富的材料。班级活动区的划分不是固定不变的，每个班级都可以根据幼儿的兴趣和发展需要灵活设置。班级活动区也可称为活动区域或区角，如自然角、科学桌等。

（二）区域活动

幼儿在不同活动区内进行的活动称为区域活动或区角活动。这种活动与幼儿的集体活动不同，因为在活动区内的游戏幼儿是以个人或小组的方式，自主选择、操作、探索、学习，在和环境的相互作用中，积累、表达和修正自己的经验与感受。区域活动是幼儿在获得游戏体验的同时，获得身体、情感、认知及社会性等各方面发展的一种教育组织形式，幼儿在活动区的游戏与学习具有自主性、操作性、互动性。

（三）班级活动区的种类

对活动区的划分，在区域的名称上会有所不同，有的幼儿园按照国内对游戏的划分方法，设置创造性游戏活动区域，包括角色区、建构区、表演区、语言区、益智区、科学区、数学角、音乐区。此外，还要根据幼儿的兴趣和发展需要设置班级活动区，如有的班级的幼儿对手工活动特别感兴趣，可设置手工操作区；有的班级的幼儿对科学探究比较感兴趣，可以设置科学创造区。教师可根据班级幼儿的发展需要，设置积木搭建区、音乐表演区等，还可根据节日、社会生活，以及当地特色设置一些特色活动区域。各园、各班活动区的规模和种类是不固定的，从一般意义上讲，常见的活动区主要有角色游戏区、建构游戏区、艺术活动区、科学探索区、语言学习区等。下面分别介绍这几种基本活动区的具体内容。

1. 角色游戏区

角色游戏是幼儿根据自己的兴趣和愿望，根据自己对生活的体验，通过想象和模仿，以角色扮演的方式，创造性地反映现实生活的一种游戏，是3~5岁幼儿特有的典型游戏。角色游戏区是幼儿开展角色游戏的场所，幼儿可以在各种各样模拟生活的场景中，按照他们对周围世界的认识和理解来扮演各种角色、诠释各种角色行为。角色游戏区给幼儿提供了一个大胆表达、交往的场所，同时也为幼儿提供了一个通过角色扮演体验角色特点、换位思考的机会。角色游戏能促进幼儿的语言发展、智力发育，以及社会交往能力等方面的提升，对幼儿表达、宣泄情绪能够起到良好的促进作用。角色游戏区是幼儿最熟悉的场所，是幼儿非常喜欢选择的游戏区。

常见的角色游戏区有"娃娃家"、厨房、医院、小卖部、超市、理发店、干洗店、餐厅、公交车、小火车、旅行团等。这些活动区都取材于生活，幼儿凭借对生活的理解选择活动区和角色，按照自己对生活的体验和理解开展游戏。角色游戏区的命名要贴近生活，如"宠物医院""美发间""我爱我家""加油站"等。

2. 建构游戏区

建构游戏是幼儿利用积木、纸盒、积塑等各种不同的建构材料构造一定的物体形象来反映周围生活的一种游戏。建构游戏区是幼儿利用各种不同的结构玩具或者结构材料，如积木、插塑片、金属片、泥、沙、雪等，通过与结构活动相关的各种动作构造物体形象的活动区。在建构游戏区里，幼儿通过拼拼搭搭，了解各种建构材料的性质，学习空间关系的知识，提高建构造型的审美能力；同时，通过游戏理解整体与部分的概念，增强对数量和图形的认识。建构游戏不仅有助于幼儿获得自由和快乐，而且幼儿的想象力、动手能力、创造力都可以得到发展，还可以让幼儿学会合作，培养耐心、协作、互助、坚持等良好的学习品质和行为品质。建构游戏区不仅可以建在室内，也可以建在户外。建构游戏区可以取名为"创意空间""建筑师之屋""拼拼搭搭"等。

3. 艺术活动区

艺术活动区是幼儿体验、欣赏、表达艺术美的区域，根据艺术表现形式，艺术活动区可分为音乐区、表演区、美工区等，有条件的幼儿园还可以设置专门的美术功能室和音乐表演功能室，供全园幼儿以班级为单位轮流使用。各班教师可依据具体情况和不同条件有选择地创设，并根据幼儿的兴趣和发展需要经常更换艺术活动区的内容和材料，为幼儿提供多种表达艺术美的机会，满足不同兴趣幼儿的学习需要。艺术活动区可叫"艺术摇篮""美工DIY""我行我秀"等富有时代气息的名字。

4. 科学探索区

科学探索区是供幼儿种植观察植物、饲养观察小动物、探索研究自然科学现象、开展益智游戏的活动区域。在幼儿教育阶段，科学教育旨在通过给予幼儿亲身体验和学习的机会，激励幼儿主动进行科学探索和学习，体验科学精神，从而获得有关物质世界及其关系的认识和经验。科学探索区通过提供适宜的物质材料，满足幼儿探索自然、关爱动植物以及动手实验探究、进行科学制作的兴趣和愿望。幼儿的科学学习内容比较广泛，包括生命科学和物质科学，对于不同内容的探究，科学探索区可设置不同的主题，提供不同的材料。如针对动植物的观察，可设置种植养殖区；针对物理现象的研究，可设置小小实验室；涉及数学学习的内容，可多给予一些操作玩具、练习材料等。有条件的幼儿园还可设置供全园幼儿共享的科学实验室、动物饲养区和农作物种植园，以及棋类、益智类玩具区角。各班则可根据具体情况和条件设置不同内容的科学区角，如自然角、科学桌、益智区、棋类区等。科学探索区可取能够引起幼儿游戏兴趣的名称，如起名为"探索天地""科学空间""小问号室""聪明屋"，或根据具体主题命名为"水的世界""神奇的海洋""昆虫的秘密"等。

5. 语言学习区

语言学习区是幼儿阅读图书、聆听和讲述故事，朗诵诗歌，与同伴交流的场所。语言学习区是幼儿进行听、说游戏的重要场所，在游戏中，幼儿的语言表达能力能够增强。根据不同的语言学习需要，语言学习区可分别设置成以听、赏为主的视听角（故事角）、"电视"和"收音机"，以阅读为主的图书角，以讲述为主的"自制小小图书馆"、图片故事角、新闻区和以交流为主的悄悄话角等。区域名称既要好听、有趣，又要新颖和个性化，如"书吧""聊天斋""读报亭""童话角"等。

二、班级活动区的整体规划指导

活动区的总体安排和布置是活动室环境创设的一个重要组成部分，所以，区域整体规划应与本班总体环境创设有机协调，形成一个和谐、自然、生动、有序的整体和状态。活动区的种类多种多样，每个班级如何根据实际需要和现实条件选择活动区内容，如何根据活动区内容和班级总体格局规划活动区位置，如何根据需要科学地投放活动区材料，如何做好活动区的间隔、设计标志等，都是需要教师解决的问题。

区域环境创设与活动指导主要包括区域空间布局、材料选择与投放、活动的开展、活动的观察记录、活动的指导、活动的评价等几个方面。其中，区域空间布置和材料投放是区域活动的基础。从环境创设的角度而言，班级活动区的整体规划主要包括确定活动区内容、规划活动区位置、设置活动区间隔、设计活动区标志、投放活动区材料,具体的内容可根据班级幼儿的特点和兴趣需要而定。

(一)确定活动区内容

班级活动区整体规划的第一步是确定设置哪些活动区,不同内容的活动区对幼儿的全面发展有不同的作用。如表6-1所示。

表6-1 各活动区的作用

区域	认知	情感与社会性	语言	品德	各种能力
角色游戏区	加深生活印象,使有关的社会生活知识和经验系统化	学习人际交往规则;学习社会角色行为;学习理解他人的情感;增进同伴关系,发展合群性;学习自我控制	增强语言交往	培养幼儿正确使用礼貌用语,遵守游戏规则和公共秩序	发展社会认知能力;学习想象、表征能力;通过自编、自导、自演的活动,激发创造潜能
建构游戏区	认知基本形状,学习分类、排序等;形成大小、多少、长短、宽窄等概念,感知比例关系	体验创造与成功的喜悦,培养专注力;学习协商沟通等人际交往技能,学习与人合作、分享		有利于幼儿合作意识的培养和收放玩具等良好行为习惯的养成	发展空间想象能力和表征能力
美工区	使幼儿认识各种材料的性能并掌握绘画、泥工、剪贴、小制作等技能	广泛接触自然艺术,增强幼儿对美的感受力、表现力、创造力,陶冶美的性情和品格			发展幼儿的观察力、想象力和创造力;发展幼儿小肌肉动作和协调能力
操作区	认识各种操作材料和工具	培养幼儿为自己和他人服务的意识,增强自信心,形成良好的自我形象;感受到自己是个有用的人			

续表

区域	认知	情感与社会性	语言	品德	各种能力
益智区	认识各种棋类，并掌握玩法；学习数的概念，几何形体概念，理解长度、形状、空间方位、部分与整体的关系等；学习分类	培养幼儿的竞争意识，使之学会发现问题、解决问题		培养幼儿谦让、礼让等良好品格	培养幼儿的思维能力、创造能力和分析问题、解决问题的能力；培养幼儿的动手能力
科学探索区	在观察、操作和科学小实验中，了解简单的物理、化学现象及简单的科学常识	激发幼儿操作与探索的兴趣；学会发现问题、解决问题		培养幼儿的坚持性和忍耐力	培养幼儿的探索能力、创造能力
语言阅读区	丰富幼儿的各种知识，发展幼儿创造、讲述的能力	善于捕捉生活中的新闻消息，且乐于表达	培养幼儿的阅读兴趣、阅读习惯和语言表达能力	培养幼儿爱护图书、互相谦让等良好品德	启迪幼儿的智慧，使之学会看书的方法
表演区	掌握一些歌舞剧、木偶剧、童话剧的表演技能	培养幼儿热爱生活的情感和感受美、表现美的情趣	增强幼儿语言表达的连贯性	了解人世间的真善美、假丑恶，知道正义一定战胜邪恶	培养幼儿的创造表演能力

教师应依据本园、本班的实际情况，有选择地规划安排活动区的种类和数量，使活动区的内容尽量丰富、合理。在确定活动区内容时，应考虑的因素包括：本园、本班的具体条件（如活动室的空间大小、格局、形状、现有的资源等），幼儿人数、年龄特点，以及近期教学活动和主题活动内容，等等。

1. 根据班级活动室面积确定

活动室的面积直接影响班级活动区的创设规模。一般情况下，每个活动区平均可容纳5~6名幼儿活动，因此，若活动室面积为60~80m²，班级幼儿人数为30~35人，则设置5~6个活动区为宜，这样班级人数和活动区总人数基本相当，既能保证每个幼儿都可选择一个活动区，又能保证活动室和活动区不会太拥挤。

有的班级活动室面积有限，教师应充分利用一些"半室外"空间，如巧妙利用阳台、走廊、楼道、装有护栏的阁楼等设置一些特殊区域，以扩充活动区。如有的幼儿园将自然角、体育活动区、表演区安排在走廊、阳台、楼道等处；将悄悄话角、图书角、益智区等需要安静的区域设在寝室或阁楼等能被教师观察到的地方；有的还在宽阔的走廊和门厅等处设置与其他班级合用的公共区域，使空间利用最大化，同时又能实现教育资源共享。

2. 根据班级幼儿年龄确定

各年龄班级幼儿发展特点不同，选择的区域内容也应不同。小班幼儿的学习与发展重点是语言、动作、情感，因此比较适合设置"娃娃家"、视听阅读区、音乐区、美工区等；中班幼儿的学习与发展重点是规则意识、学习能力，因此可以设置"超市""美发店"、建构游戏区、科学探索区等；大班幼儿的学习与发展重点是学习能力、交往能力、创造能力，因此宜选择设置科学探索区、角色游戏区、益智区、建构游戏区等。

3. 根据班级主题确定

在一般的幼儿园，各班都会建立几个相对固定的常规活动区，如图书角、自然角、美工区等。有些幼儿园班级的活动区内容是以活动主题为中心展开的，随着主题的推进，区域内容不断更新调整、充实变化，使区域活动与班级主题活动保持一致、互补互进，发挥教育和环境的双重作用。如有的班级在做有关少数民族的主题时，将民族服饰、乐器、音乐投放到"我型我秀"表演区，把民族特色小吃的自制材料投放到"民族小吃店"，把手工材料、民族服饰的图片投放到美工区，使活动区的设置与主题活动的进展相协调。又如有的班级在做"我要上小学了"的主题时，把文具、自制时钟表、幼儿的行为图片投放到语言学习区，将角色游戏区设置成小学，将衣服投放到"我会整理"的手工区。

（二）规划活动区位置

确定好活动区的内容之后，教师需要根据活动室的大小、格局和各区域的特点合理规划每个活动区的位置及占用空间。

1. 根据活动室整体格局规划

确定活动区的位置时，首先要考虑活动室的整体格局，合理安排集体活动区、生活活动区的位置，然后再结合每个区域的特点、要求及与其他区域之间的关系，规划不同活动区的位置。

为了幼儿的安全，以及为幼儿的集体游戏活动留出空间，活动区最好安排在活动室的四周，这样既可以保证活动区的相对稳定、固定，又可以使活动区少受干扰。同时，应把活动室的中央空出来，作为开展集体游戏活动以及进餐的地方，平时则作为幼儿进出的通道。此外，还要充分利用阳台、走廊、小阁楼等设置一些特殊的区域，既合理利用有限的空间资源，符合因地制宜的原则，又使活动区的创设更加灵活多样。

2. 根据活动区特点规划

规划好活动区整体位置之后，教师还要为每一个活动区确定具体位置。规划各区域的位置时，应当考虑每个区域的特点和要求，处理好与其他区域之间的关系，力求既方便各区域活动的开展，又尽量避免区域间的相互影响。比如，美工区、科学探索区要离水源近，图书区要求采光好，比较热闹的区域可以相邻，安静与热闹的区域必须隔开，等等。一般来说，需要考虑的因素包括以下内容。

（1）面积

一般而言，开放的区域，如表演区、建构区，人数多，肢体活动量大，比较热闹，应安排较大、较宽阔的活动空间；而相对封闭的区域，如阅读区、科学探索区需要安静，人数较少，可安排小一些的空间。

（2）采光和用水

对采光和用水有要求的区域应特殊安排，如图书角应设置在光线充足、靠窗户的地方；自然角也可直接设置在阳光充足的靠窗户的地方、阳台或走廊；科学探索区、美工区需要用水，应离水源较近。

（3）安静与喧闹

为避免区域活动之间相互干扰，应将喧闹的活动区与安静的活动区分开，如益智区、阅读区、科学探索区应与建构游戏区、表演区分开；应将相对安静的区域或相对喧闹的区域以及可以跨区互动的区域放在一起，使之相邻，如益智区宜与阅读区相邻，表演区可与美工区、建构游戏区相邻。

如何安排活动区的位置并没有一个固定的模式，每个活动区都有几个理想的位置。在规划活动区位置时，既要满足每个区域的特殊要求，又要协调好区域间的关系，将区域间的干扰减至最低程度，为每个区域选择最佳位置，使整个区域布局更加合理。

（三）设置活动区区隔

设置活动区区隔是将区域与区域之间用某种材料和方式隔开，使之有明显的界线。合理的区隔设置能使区域与区域之间既相互连接，又相互独立；既自然流畅，又界线分明，其作用不可小觑。

1. 设置区隔的作用

设置区隔，将活动区相对划分出界限，使活动区整齐有序，可避免幼儿到处游荡、随意穿梭和无所适从。

设置区隔，区域范围相对固定，方便幼儿在活动区内更加专心地玩游戏。

设置区隔，方便幼儿在本区域内拿取和归放材料，有利于帮助幼儿养成良好的行为习惯。

2. 设置区隔的材料和方式

在设置活动区时，要注意合理设置区隔。首先，应根据各种材料的特点，巧妙选择并充分利用它们的特殊功能，做到物尽其用。比如，可用廊柱、柜子作为区隔。区隔的材料可大可小、可高可低（以不超过幼儿身高为宜），使用大小不同的材料作区隔能使整体区域创设高低有别、错落有致，呈现意想不到的效果。区域设置不是一成不变的，区域的大小、隔断可以经常调整，因需而变。比如，两区域间关联较大且允许幼儿跨区活动的，教师可撤掉柜子或桌子，只在区域内铺上不同颜色或图案的地垫，使区域与区域间似隔非隔、隔而不断，既能加强区域间的联系，增进幼儿间的交往，又使整体区域布局更加灵活多变、自然和谐。

可作区隔的材料丰富多样，包括墙面、廊柱、矮柜、书架、桌子以及其他物品，如积木、帘子、屏风、挂饰、地垫等。

墙面、廊柱不可移动，可作固定区隔。

较大的柜子、桌子可作区隔。较大的桌子、柜子正好放在需要有较多材料的区域，既能隔开区域，又可存放材料或作展台。

布帘可作区隔。布帘温馨，给幼儿以家的感觉，适合放在开放性区域，如表演区、"娃娃家"之间。

屏风、架子可作区隔。屏风、架子自然地隔开两区，好看且实用。

地毯或地垫可作区隔。不同颜色、图案、材质的地垫或地毯既可作为区别不同区域的界线和标志，又可让幼儿在活动时随意地躺、坐，一物多用。

（四）设计活动区标志

设计活动区标志是为每个区域设计能代表其内容、要求和特点的标志性文字或图案，帮助幼儿认识、区别不同的活动区。活动区标志作为特定环境中的一种认识工具和表现手段，有利于增强幼儿对区域活动的了解和兴趣，较之于纯文字标语或言语指令，活动区标志具有的直观性更符合幼儿的认知特点，也更容易被幼儿感知、接受和模仿。根据活动区标志的作用，可分为区域名称标志、材料分类标志、区域规则标志、操作程序标志等。

1. 设置区域名称标志

为了方便幼儿识别和选择，需要给活动区取一个简单明了且好听的名字，要能体现活动区内容；然后做一个标有区域名称的标志，区域名称标志一般应图文并茂，并张贴或者悬挂于区域正面醒目的地方，如在与入口处相对的墙面上或入口处的柜壁上张贴区域标志。

2. 设置材料分类标志

材料分类标志就是用于表示材料分类和存放位置的标志，它可以帮助幼儿更方便地选择、拿取材料和将材料正确归位。材料分类标志可以是材料本身或图片，便于幼儿直接找到标志，将材料归位；也可以是数字、图形等抽象的符号或者用文字直接写出材料的名称，能在幼儿归放材料的同时引导幼儿识数、识字，提升幼儿的认知水平。分门别类地放置材料且贴有明确的标志，不但可使区域的布置井然有序、一目了然，也可引导幼儿在活动结束时以分类或配对游戏的方式将玩具送回。

材料分类标志一般直接画在或张贴在玩具柜、材料架或塑料筐（盆）等相对应的位置上，直观地引导幼儿正确拿取和归放材料。

3. 设置区域规则标志

区域规则标志就是以文字、图案等形式直接告知幼儿在区域活动中应遵守的相关规则。幼儿在区域活动中处于一种开放的、动态的、民主的状态，直观、明确的规则标志能够对幼儿遵守规则起很好的提示或暗示作用，有利于帮助幼儿在区域活动中规范言语和行为，保障区域活动的顺利开展。常见的区域规则标志有以下几种。

（1）提示性规则标志

主要提示幼儿在活动区内应该注意的问题和遵守的规则。

（2）禁止性规则标志

明确提示幼儿在该区活动不应该做什么、应该怎么做，图文结合，适合幼儿理解和操作。

（3）进区卡标志

进区卡是一种特殊的规则标志，是幼儿进入活动区的凭证，进区卡起控制各区域人数的作用，一般在活动区入口处设置几个挂钩或几个插袋，就表明该区域只能进入几个人。幼儿入区时将个人进区卡挂在挂钩上或插入插袋内，一卡一钩或一卡一袋，挂满或插满了则表明本区人数已满，想进去的幼儿应自觉离开，另选其他区域活动。

进区卡是幼儿参加区域活动的身份标志，教师要尊重本班幼儿的兴趣和意愿，与幼儿一起商量，共同设计和制作有特色、有个性的进区卡。

（4）操作程序标志

操作程序标志是以简单的图示标明手工和玩具制作的步骤，或给出活动的操作程序的标志，能帮助幼儿更直观地理解活动的内容、步骤和要求。

操作程序标志一般用透明胶带直接贴在活动区的柜壁、墙壁以及柜子的表面等处。

（五）投放活动区材料

材料是制作工具、产品等的物质。对幼儿园而言，材料包括教具、玩具、工具和各种自然物、废弃物，是幼儿学习、游戏以及开展各种活动的重要媒介。在区域活动中，材料是物化了学习内容和目标的载体，幼儿主要通过操作材料与环境互动，从而获得认知、情感和社会性的发展。活动区材料的投放包括投放什么、如何投放，直接关系着幼儿在活动区内活动的开展，影响着幼儿与环境互动的质量，当然也决定着幼儿在活动区中能够获得的发展。

1. 区域材料的种类

按材料的来源来分：市场上购买的；教师收集和自制的；家长和幼儿收集提供的等。

按材料的性质特点来分：原材料；半成品材料；成品材料；辅助性材料；自制玩具等。

按材料的主要用途来分：探究性材料；表演性材料；建构性材料；展示性材料；游戏性材料等。

2. 区域材料投放的原则

教师在区域材料的选择和投放上应充分考虑和关注材料的自然性、可操作性、可变性；材料的地域性、民族性、跨文化性；材料的功能多样性、可组合性；材料的安全性、适宜性、实用性。区域材料投放还应具体遵循以下原则和要求。

（1）材料投放要丰富多样

首先，材料数量要充足。材料数量应与幼儿的人数相匹配，以保证区域内每一个幼儿都有材料进行操作和玩耍，避免因材料不够而发生矛盾和冲突。

其次，材料品种要多样。多样化的材料既能引发、支持幼儿进行多方面的探索，又能带给幼儿广泛的信息和经验，还能激起幼儿不断深入探索和更积极参加游戏的兴趣。当然，材料丰富多样并不意味着越多越好，材料过多反而会使幼儿眼花缭乱、不知所措。因此，适宜适量、符合幼儿的操作需要才是最重要的。

另外，材料来源和结构要丰富。投放在区域中的材料应既有购买的，又有自制的；既有成品材料，又有半成品材料；既有探究性材料，又有工具性材料。如高结构的仪器、工具、成品玩具，低结构的纸片、线绳、珠子、扣子和无结构的水、沙、石子、废旧材料等，以此来满足幼儿学习和游戏的需要。

（2）材料投放要有层次性

只有富有层次的材料才能满足不同年龄特点、不同能力水平、不同兴趣的幼儿的游戏和学习需要。

第一，为不同年龄或不同发展水平的幼儿提供不同难度和操作特点的材料。小班幼儿喜欢独立的、简单的游戏,应投放以独自操作为主、适合直接操作的简单材料,且遵循"少品种、多数量"的原则,满足多个幼儿同时独立游戏的需要;应为中、大班幼儿提供品种丰富的、操作难度大一些的材料,如适宜做不同组合和做多方面探究的具有开放性的材料,以及适宜合作完成的材料。

第二,为相同年龄的幼儿或同一活动区提供不同难度的材料,满足不同发展需要和不同能力水平幼儿的学习需要。如为中班"娃娃家"提供用海绵做的"豆腐块"、报纸团做的"汤圆"、蚕豆、绿豆等"食物",提供勺子、筷子等餐具,让幼儿在游戏中锻炼小肌肉群。

第三,为同一活动区内兴趣不同的幼儿投放不同品种的材料。多种类、多质地、多色彩、多功能的材料既能为同一幼儿的操作探索提供广阔的空间,又能满足不同幼儿的学习兴趣和需要。

(3)材料投放要有启发性、趣味性

投放的材料要尽可能激发幼儿从事相应智力活动的兴趣。比如,为发展幼儿的语言表达和讲述能力,教师将语言学习区设置成"快乐的周末",让幼儿讲述自己的周末经历,同时跟美工区结合,让幼儿将自己的经历画下来,制作成小图画书,再投放到语言学习区,拓展幼儿的语言讲述活动;为了鼓励幼儿进行科学探究,在科学探索区投放幼儿喜爱的科学类玩具,引发幼儿的探究行为。

(4)材料投放要经常变化

经常变化的环境才更有吸引力,活动区的材料投放必须具有动态性。教师应根据幼儿的游戏兴趣和学习需要及时进行调整,定时更新材料。经常变化并不是指将原来的材料全部换掉,适当地删减、更换、增添以及将材料进行不同的摆放和组合都会使材料处在一种变化之中,常变且常新。

(5)材料投放要因地制宜、利旧利废

材料没有好坏之分,只有性能和作用的不同。投放于活动区的材料不应一味追求"高、精、尖",而应以实用、耐用和一物多用为原则。利用周围环境中随手可得的自然物、废弃物和用它们制作的玩具、教具才是区域活动中最值得提倡和应大量投放的材料,它符合因地制宜、利旧利废的原则。

(6)材料投放要获得家长的支持与配合

家长和幼儿都是区域材料的收集者,幼儿园应充分利用家庭、社区的各种教育资源，调动家长和幼儿一起参与材料的收集和准备工作，这样既可以减轻教师独自收集资料的负担和困难，又能使活动区的材料更加丰富和全面。另外，家长提供的材料可能更专业，也可能更带有家的气息和特色，当然也更为孩子们所熟悉和喜欢。比如，"木工区"的材料很特别，一般不太好收集，教师可以请身为木工、技师、工程师的家长提供锯子、刨子等工具以及相关的木工作品图片等。一般来说，家长收集和提供材料，积极关注或亲身参与幼儿的区域活动，会给区域活动的顺利开展带来意想不到的惊喜和效果。

3. 区域材料的管理和使用

活动区的材料品种多、数量大，只有对其进行科学化的管理和使用，才能最大限度地发挥材料的教育作用。材料的管理和使用包括分类、整理、摆放、归位和保存等工作，教师应意识到这也是很好的学习活动，应该引导幼儿全程参与。

（1）分门别类整理和摆放材料

应根据材料的特征、性质和作用进行归类整理，并分别装在不同的材料筐中（包括盒子、篮子、盘子、架子、柜格等）。在开放的桌子、柜子、架子或地面整齐地摆放材料，并贴上图案或文字标记，标明材料的位置，供幼儿自由选择和取放。

（2）及时收捡和将材料归位

为了幼儿充分、方便、有序地使用材料，教师必须和幼儿一起制定相关的材料使用规则，并以各种方式督促幼儿遵守。比如，在活动区内用图案或文字的形式贴出相关规则和要求，以时刻提示幼儿。

三、活动区的功能

活动区为幼儿提供宽松、自由的活动空间，幼儿在其中可以找到适合自己学习的最佳方式，体验快乐、成功和自信。具体而言，活动区的功能主要体现在以下几个方面。

（一）为满足幼儿的游戏体验提供自由的场所

活动区具有开放性的特点，幼儿可以自由选择游戏区和游戏方式，幼儿在区内的活动以摆弄、操作材料为主。

幼儿园环境创设的作用体现在三个方面：第一，良好的环境可以提高幼儿的审美能力；第二，良好的环境有助于幼儿学习课堂教学内容以外的生活常识；第三，良好的环境有助于幼儿更好地开展课堂学习。相关研究发现，当前的幼儿园环境建设中存在多种问题，如舒适度较低的环境降低了幼儿的学习效率，最终影响到幼儿身心的协调发展。

区域环境创设为培养幼儿的创造性提供了充足的机会。《幼儿园教育指导纲要（试行）》指出，幼儿的创作过程和作品是他们表达自己的认识和情感的重要方式，应支持幼儿富有个性和创造性的表达，克服过分强调技能技巧和标准化要求的偏向。创设活动区的实质就是为幼儿提供一种自由、开放的游戏和学习环境，鼓励幼儿自由选择、自由探索，使幼儿在和环境的互动中获得情感、认知、能力等多方面的发展。实际上，21世纪的国家教育是要培养创造性人才，为国家的未来发展储备人才，为民族的兴旺提供创造性人力资源。区域环境创设正好承载了这种理念，游戏活动区可为幼儿智力和兴趣的发展提供宽松的环境，为幼儿创造力的发挥提供自由的氛围。具体表现在：①为幼儿提供继续探究学习的场所和机会，促进幼儿在自然、科学、社会、健康、艺术等各领域的认知和学习能力的发展。②为幼儿提供尽情游戏、表演、表现的空间，有利于幼儿情绪、情感的表达和宣泄，促进幼儿情绪、情感和社会性的发展。③为幼儿间的相互交流、合作提供空间，促进幼儿交往与合作能力的发展。④为幼儿提供自觉遵守规则和约定的机会，促进幼儿纪律性和责任感的发展。为拥有不同兴趣、个性的幼儿提供自由选择和发展的空间，满足不同兴趣和个性的幼儿的学习需要。

（二）为体现和塑造幼儿个性提供开放的环境

幼儿的个性发展和社会化离不开人与人之间的交往，这种交往在幼儿园主要体现为幼儿之间的相互作用。模仿是幼儿的天性，他们通过互相模仿、互相学习以及互相评价，逐渐建立和发展自我意识、自我形象。首先，许多幼儿在游戏过程中，往往不能有始有终，看到别人游戏就会转移注意力，去进行别的活动。这时需要教师进行引导，鼓励幼儿把事情做完、做好、专心致志。其次，对失败后不灰心的幼儿，教师应及时给予鼓励，然后让他再做一次，引导幼儿养成一种锲而不舍的精神。最后，帮助自卑的幼儿树立自信心。有的幼儿对自己缺乏自信心，比较胆小、懦弱，说话声音小，认为自己什么都不行，消极被动。对这样的幼儿，教师一方面要多接近，多给予鼓励；另一方面要对这部分幼儿多提问，多让他们做流动人员，鼓励他们和同伴大胆交往，给他们锻炼的机会，使他们在实践中增强自信心，让幼儿在自主游戏中发展能力，锻炼意志，逐步摆脱依赖性，并体验经过努力后成功的喜悦，增强战胜困难的勇气和信心。

在自主游戏中，教师要放手让幼儿按自己的意愿，独立自主地选择游戏，做到"放""导"结合，努力增强幼儿的自主性，注意培养幼儿的良好个性，使他们能主动探索知识，形成良好的习惯。

因此，活动区的创设和幼儿园其他工作一样，是一项重要而基本的工作，是教师整体教育素质的重要体现。科学规范和富有创造性地创设活动区是每一位教师必备的基本功。

第二节　幼儿园活动区的环境布置及材料投放

一、生活游戏区的环境布置及材料投放

生活游戏区是为增强幼儿的社会性而设定的，一般要在班级内设置游戏区，给幼儿游戏的机会。有条件的幼儿园还可设立专门的生活游戏室，设置"娃娃家""商店"等游戏区并配备相应的家具和设备，就如同一个微型社会，让幼儿有身临其境的真实感，会大大刺激幼儿扮演和游戏的欲望，也能够让幼儿表现出自己的生活经历和态度。

不管怎样，各班在设置生活游戏区时都应依据幼儿的兴趣和实际需要做出选择，并尽量真实地反映社会生活，创设能够让幼儿获得生活体验的活动环境。

（一）依据目标确定内容

生活游戏区的目标主要有：①体验社会生活，学习社会性行为。②与同伴积极互动，学习交往的技能。③大胆表现、表达，抒发情绪、情感，体验游戏的快乐。④充分发挥想象力、创造力。

为了达到以上区域目标，在班级生活游戏区内容的选择上，要注意总体上可按照年龄段区分。比如小班幼儿需要尽快适应幼儿园生活，并喜欢上幼儿园，活动区的设定要配合这个目标。"娃娃家"、医院、厨房等是小班幼儿日常生活中接触最多的场景，是他们最熟悉的环境，在幼儿园设置这样的活动区，小班幼儿能够投入其中，在体验游戏的过程中获得社会性发展。中班幼儿已经具备规则意识，但是自控能力还有所欠缺，经常出现明知故犯的情况，在区域目标上，幼儿需要学会遵守规则，并且大胆尝试、乐于表达，尝试与同伴合作。超市、玩具店、水果店、餐厅、银行、理发店这些与社区生活息息相关的场所是最适合为中班幼儿设置的，让幼儿在体验游戏的过程中，初步掌握生活能力，为其更好地适应社会提供良好的氛围，同时也为促进幼儿的全面发展提供最有利的帮助。大班幼儿的规则意识已经形成，社会交往能力也有了很大提升，这个阶段要重视幼儿的创造性发挥与合作交往能力，以及幼儿对社会生活的认知与适应。区域目标主要是让幼儿敢于大胆尝试与表达，能创造性地表现社会角色，有较强的合作精神和社会交往能力，有一定的社会适应性。特色小吃店、公交车、消防站、博物馆等是幼儿开始融入社会比较重要的地方，幼儿从关注自我转向关注社会生活，对不同场所的特点、不同职业的特点十分感兴趣，因此，活动区内容选择的范围比较广泛。

另外，幼儿园和班级还可以根据社会大事件、办学特色、主题活动等，选择设定一些特定的活动区。

（二）规划生活游戏区的位置与格局

1. 面积要求

寻找面积大的活动区位置。角色扮演区需布置场景，摆放道具，幼儿有大量的肢体活动，因此活动空间应足够大，能容纳6~8人活动。

2. 相邻区域

与热闹的区域相邻。宜与同样喧闹的区域，如建构游戏区、艺术表演区相邻，远离语言学习区、益智区等需安静活动的区域。

3. 区内格局

尽可能将各种主题的游戏区划分出小的区间，增加游戏的内容，如"娃娃家"可分为厨房、客厅、卧室等小区；"医院"可设挂号室、诊断室、注射室和内科、外科、牙科等。这样既可以更真实地再现社会生活，又有利于幼儿进行多重体验和角色扮演。为了节省空间，教师应灵活使用区域内的家具，如柜子、桌子、架子、帘子、地毯等作区隔，使区域既自然分区，整体上又协调。

（三）投放材料

生活游戏区的材料投放应依据不同主题内容提供不同的场景设备、表演道具和游戏材料，常见的环境创设和材料投放举例如下。

1. "娃娃家"

"娃娃家"可投放以下材料。

家具类：桌椅、床、沙发、衣柜、梳妆台等。

厨房用具类：烧火灶台、煤气炉、锅、勺、铲、菜板、菜刀，以及各种餐具和茶具等。

家电类：电视机、电冰箱、洗衣机、空调、微波炉等。

各式娃娃：普通娃娃、智能娃娃、芭比娃娃等。

2. "医院"

"医院"可投放以下材料。

家具类：门诊桌椅、挂号台、药品柜、收银台、手术台、电脑模型等。

医疗用品类：听诊器、注射器、手电筒、压舌板、吊瓶、镊子、剪子、手术刀、棉签、纱布、绷带等。

装饰类：医院标志、红十字、医用宣传画等。

服装类：白大褂、医生帽、护士帽、手套等。

3. "银行"

"银行"可投放以下材料。

家具类：工作台、取款机、钱柜等。

服装类：工作人员服装。

4. "超市"

"超市"可投放以下材料。

家具类：收银台、柜台、货架、店名牌匾等。

货品类：文具、玩具、食品、饮料、鞋帽、服装，以及各类水果。

用具：收银机、天平秤、电话机、价签、纸币、票据、包装袋、购物筐、纸、笔等。

（四）生活游戏区的引导

生活游戏区创设完成后，要培养幼儿在游戏区内养成良好的行为习惯。

1. 重视家园合作

生活游戏区的活动内容主要来自社会生活和家庭生活，因此家长的参与十分重要。活动游戏区的主题确定、材料准备、创设布置等都可以和家长共同合作完成。如请家长提供空化妆品盒、空化妆品瓶、废旧小家电，以及幼儿不穿的小衣服、小鞋子等，家长一般都会尽力提供支持和帮助。家长的参与不但可以增进家庭和幼儿园的关系，加深家长与教师间的友谊，还会因材料大多来自幼儿的家庭，为幼儿所熟悉和充满家的味道而提高幼儿的参与率，从而达到事半功倍的效果。

2. 引导幼儿有序取放玩具

教师要注意引导幼儿养成良好的行为习惯。生活游戏区的玩具种类繁多，且多数不容易收纳，为直接摆放，因此要引导幼儿爱惜玩具、轻拿轻放，并物归原处。

3. 协助幼儿推进游戏进程

很多时候，幼儿在进入生活游戏区前，会因为选择扮演角色发生冲突，会因为生活经验不足而使游戏过于单调。针对这些现象，教师可通过增加材料的种类和数量、丰富幼儿相关经历等方法，推进游戏进程。比如在"医院"这个活动区，幼儿可能会因为抢角色而发生冲突，教师就先选出"院长"，由"院长"和大家商量谁扮医生、谁当护士、谁负责挂号，病人则由大家轮流来当。

教师还要适时适当介入，指导幼儿的游戏活动，推进游戏进程。介入方式主要有垂直介入、平行介入、交叉介入。垂直介入就是用旁观者的语气、态度给游戏者提供一些建设性意见或者直接以教师的身份对幼儿的某些行为做出要求。如对"娃娃家"中只一味炒菜的孩子说:"你是不是炒菜给你的家人吃?""你要不要铺上桌布,摆上碗筷?""你的家人都等着你喊他们吃饭呢!"这种间接和巧妙的提示可以帮助幼儿丰富游戏内容,将看似没法继续的游戏活动进行下去。平行介入就是在幼儿的游戏行为过于单调、游戏就要中止的情况下,教师与幼儿扮演同一个角色,从事同一项活动,用行动或者语言暗示幼儿,帮助他们拓展新的游戏内容。如"娃娃家"里幼儿扮演爸爸妈妈时总是只给娃娃穿衣服、脱衣服,这时教师走过去,也抱起一个娃娃,跟他说:"宝贝,你是不是饿了,我给你做饭吃吧。"教师给予幼儿暗示,让原本几乎要中止的游戏有了新的内容。当教师以游戏中的一个角色,特别是一些新的和较难扮演的角色,如商店店长、城管员、小区业主等和幼儿一起游戏时,这就是交叉介入。教师不能过多干预幼儿的活动,尤其不能直接指挥幼儿,这种反客为主的做法会扼杀幼儿的想象力和创造力。

二、建构游戏区的环境布置及材料投放

各种积木和拼插玩具是幼儿建构的主要材料,也是幼儿最喜欢的玩具之一。建构材料具有开放性,幼儿可以随便拼摆,变化无穷,无限组合,极具挑战性,也可还原和再创造,幼儿喜欢重复做一些事情,建构材料正好可以建好了拆、拆了再建,符合幼儿的心理需求,所以深受幼儿的喜爱。

建构材料多种多样,既有大的,又有小的;既有木质的,又有塑料的;既有画有图案的,又有没有图案的。此外,还有各式各样形状的建构材料。

(一)依据目标确定内容

建构游戏区的教育目标主要包括以下几项。

第一,让幼儿获得动手玩耍的满足,体验游戏的快乐;学习合作、分享等亲社会经验,提高社交的技巧和能力。

第二,让幼儿获得数学学习的体验。如认识基本的几何形状;学习分类与排序;建立初步的数的概念;感受和创造不同的比例关系;了解大小、多少等概念;等等。

第三，让幼儿学习和掌握有关的空间概念，初步建立平衡、对称、重心等概念。

第四，增进幼儿大、小肌肉发展。发展空间感知能力、组合能力、构造能力，提高想象力和创造力。

为了达到这些目标，促进幼儿大肌肉动作发展和幼儿对数的概念、几何立体概念的了解，加强幼儿对社区、交通等情况的认识，可设置室内建构游戏区和室外大型积木区。同时，为了促进幼儿小肌肉群的发展，满足幼儿对造型的追求，以及加深幼儿对数量的认知，可设置拼插玩具区。

（二）规划建构游戏区的位置与格局

1. 面积要求

建构游戏区有积木区和拼插玩具区两大类，积木区又分为室内积木区和室外大型积木区。室内积木区有大量的积木和辅助性材料，设置时应选择一面靠墙的地方，且远离教室门口，应安排较大的空间，且宜设置成开放性区域；室外大型积木需要大柜子来盛放，且需要一个开放的区域来搭建；拼插玩具区的空间可以小些，主要需要操作的桌子。

2. 相邻区域

室内建构游戏区宜与安静的区域隔开，如远离语言学习区、益智区，以免嘈杂声干扰这些区域的活动；可与美工区、角色扮演区等喧闹的区域为邻，且可与这些区域进行跨区活动。室外建构游戏区的位置选择较为自由，只要注意避免与跑道、大型游戏器械区隔开就可以了。拼插玩具区与图书角隔开即可。

3. 区内格局

为使空间更宽敞，且不限制幼儿的想象和创作，室内建构游戏区不适宜摆放桌椅，适合在地面铺上地垫或地毯，这样既方便幼儿随意坐在上面拼摆、建构，又能减少搬动和拼摆积木时发出的声响，降低对其他区域活动的干扰。可用有多层格子的矮柜或大积木、纸箱等作区隔，墙面贴上图片、照片等，拓展幼儿的搭建想象力；柜子前可用彩色油漆画出或用胶带贴出一条界线，提示幼儿在线外搭建，避免搭建活动与取放积木发生冲突。室外建构游戏区要设置大型玩具柜盛放积木和辅助性材料，选择光滑的平地，同时可投放一些小手推车、假树等辅助性材料。拼插玩具区除需要玩具柜和桌子以外，还可以贴一些相关造型的图片和照片。

（三）投放材料

建构游戏区的基本材料是各种各样的积木，且以不同大小的木质积木和不同形状、色彩的塑料积木（也称积塑）为主。

1. 室内建构游戏区

室内建构游戏区可投放以下材料。

积木类：木质积木。小班积木的造型应多样化，中、大班以造型简单的长条为主。

交通工具模型：小轿车、公共汽车、火车、自行车、飞机、小船，以及各种交通标志等。

迷你家具模型：各式各样的小房子、桌子、柜子、椅子、小床等。

动植物模型：小兔子、小狗等小动物和小树、小花等小型植物。

人物玩偶：警察、邮递员等各种职业以及大人、小孩等不同年龄、性别的人物形象。

辅助工具：剪刀、线绳、纸、笔以及纸盒、塑料片等废旧物品，供幼儿使用。

2. 室外建构游戏区

室外建构游戏区可投放以下材料。

积木类：大型环保型积塑。

家具类：玩具柜。

辅助材料类：手推小车、假树、假花、桥、红绿灯、桌子、椅子等。

3. 拼插玩具区

拼插玩具区可投放以下材料。

积木类：各类拼插玩具。

家具类：玩具柜、桌子、椅子。

辅助材料类：积塑造型照片。

（四）建构游戏区的引导

建构游戏区是最受幼儿欢迎的活动区域，区域材料丰富多样且易操作，但若不注意引导,可能会出现入区人数减少、争抢玩具、破坏他人游戏,以及玩具不收拾或不归位等现象。因此,教师应注意从以下几个方面进行引导。

1. 重视幼儿参加活动的兴趣

尽管建构游戏区是幼儿最青睐的活动区域之一,但是根据调查研究不难发现,许多幼儿园的建构游戏区因为材料取放分类要求较高、教师干预过多,幼儿不愿意首选建构游戏区。因此,教师要重视从环境创设方面激发幼儿的游戏兴趣。

第一,教师可在积木区张贴一些积木搭建作品或有关建筑的图片,为不同年龄的幼儿提供建构的范例或者线索,营造气氛,引起幼儿的注意力和兴趣。

第二,根据幼儿好模仿教师的现象,教师自己坐在建构区里安静地玩,或经常在区内搭建一些未完成的作品,以此感染和吸引幼儿进入区内活动。

第三,还要注意适时适当地评价和鼓励幼儿。评价时,应给予幼儿真诚的关心、肯定和赞许。

2. 共同制定区域规则

结合不同年龄段易出现的问题,和幼儿一起商量制定相关的游戏规则,包括人数和材料的使用、分享等,制定区域规则,并以幼儿为主,制作区域规则的标志,引导幼儿自觉遵守规则和监督他人。

3. 开阔幼儿建构思路

可通过阅读、参观等方式丰富幼儿的建构经验,也可在区内提供搭建好的成品或者照片,给幼儿提供参考,同时鼓励幼儿大胆创新。

4. 引导幼儿对游戏材料进行归类整理

游戏结束后,可巧妙引导幼儿"收拾"玩具。比如,用游戏口吻请幼儿帮忙或比赛,将收拾玩具变成有趣的"分类配对"游戏,以此引导幼儿形成及时、有序收拾玩具的习惯。

幼儿往往因为对自己搭建好的作品非常爱惜而不愿拆掉,这时,教师要注意尊重幼儿的感受,既要巧妙解决问题,又不能伤害幼儿。建构活动结束前提醒幼儿要收拾积木了,让幼儿有个心理准备;用照相和画图的方式保留幼儿搭建的作品;收拾玩具前请幼儿一起欣赏作品,让幼儿感觉自己的作品受到了大家的重视,从而减少收拾玩具的阻力。

三、艺术活动区的环境布置及材料投放

幼儿园的艺术教育旨在通过音乐、美术等艺术陶冶幼儿的审美情趣，满足幼儿表现、表达和创造美的需要，培养幼儿表现美、欣赏美的能力。因此，应为幼儿创设充满情感色彩的、愉悦的，可多通道参与和多方式操作、表现的艺术活动环境。

（一）依据目标确定内容

艺术活动区的目标主要有以下几项。

第一，让幼儿巩固认识各种颜色、形状、材质、尺寸等基本概念；大胆尝试使用不同的工具、材料，以及选择音乐或美术等不同方式，表达自己的感受和体验，提高审美情趣和能力。

第二，让幼儿掌握画、剪、撕、贴、揉、塑、缝、做、订等技巧，促进手眼协调，提高手指、手腕的灵活性。

第三，让幼儿喜欢并大胆尝试用各种打击乐器表演，乐于与同伴一起表演和创作。在自由自在的创作表达中，获得感官上的快乐和情感上的满足，同时培养尊重他人的品格与习惯。

艺术活动主要包括美术活动和音乐活动，在活动区的设定上分为美工区和音乐表演区，为了提高幼儿的美工能力，可以设置绘画活动区、剪贴活动区、手工活动区；为提高幼儿的音乐感知能力和表演能力，可设置音乐表演区，投放幼儿感兴趣的音乐和服装，刺激幼儿的音乐表演欲望。

（二）规划艺术活动区的位置及格局

在规划艺术活动区的位置和格局时，要根据活动区内容，分别而论。

1. 美工区

（1）面积要求

美工区需要比较宽敞的空间，可提供宽大的桌面、台面或画架，选择靠近水台或盥洗间的位置，以便取水和清洗。

（2）相邻区域

美工区可与喧闹的区域为邻，也可与阅读区、益智区等安静的区域相邻，

但是要注意区隔开。

（3）区内格局

区内可提供展示架、展示墙、作品展示袋或台面，展示和陈列幼儿完成的作品；利用多格柜子或塑料篮将工具与各类素材分门别类存放。有些手工作品，如面具、风铃等，可直接用来装饰环境，悬挂垂吊在天花板下，还可以作为区隔，增加环境的柔美感，起到意想不到的效果。还可将美工区分为几个小区，如绘画区、纸工区、泥工区、自制区等，让幼儿自由选择和发挥。美工区的整体布置在色彩和造型上应区别于其他区域，四周的墙面可用成人和幼儿的画作装饰，以增添艺术气息，启迪幼儿的创作灵感。

2. 音乐表演区

音乐表演区是引导幼儿欣赏音乐作品、表达音乐情绪、进行音乐表演和创作的区域，幼儿在这里的表演不是给别人看的，而是一种愉快情绪的体验，是以追求表演和游戏的快乐为目的的。在音乐表演区，幼儿可以进行歌舞表演、打击乐表演、童话剧和音乐剧表演以及欣赏音乐等活动，且以幼儿自编、自导、自演或即兴发挥为主。

（1）面积要求

音乐表演区需要舞台、乐器、道具，幼儿还会用肢体进行表演、表达，因此活动空间应足够大，且适合设置成较开放的空间，方便幼儿表演。

（2）相邻区域

音乐表演区和建构游戏区、角色扮演区一样容易发出较大声响，应远离安静的区域，比较适合设置在阳台、走廊等宽敞的地方。有条件的幼儿园还可设置单独的音乐室，提供丰富、全面的音乐材料和舞台，供全园幼儿以班为单位轮流进行活动。

（3）区内格局

音乐表演区可设置舞台，可在墙面上布置带有音乐元素的墙饰，如画出五线谱、贴上音乐海报、音乐剧剧照等，营造和创设与音乐氛围和表演内容相适宜的环境。应利用玩具柜或塑料筐等分门别类地摆放表演用的各种乐器，服装和道具应尽量挂起，既方便选择使用，又易于唤起幼儿创作的热情和表演的欲望。

（三）投放材料

1. 美工区

美工区是幼儿进行美术和手工创作的区域，幼儿可以开展多种形式的活动，如绘画、折纸、玩泥、雕刻、制作玩具等。因此，美工区的活动材料是十分丰富的。美工区可投放以下材料。

纸张类：各色图画纸、素描纸、卡纸、玻璃纸、蜡光纸、瓦楞纸、皱纹纸、厚纸板、金纸、银纸、包装纸、牛皮纸、报纸等。另外，可根据单元主题或幼儿的特殊需求，提供如卡片、粉彩纸等特殊纸张。纸张大小应根据实际需要灵活处理，避免让幼儿长期使用同一规格的纸张，而限制其创造能力的发展。

粘贴工具类：糨糊、胶水、胶带、订书机、订书针、橡皮筋、纸夹、金属丝、线绳、针线等。

裁剪工具类：主要是安全剪刀和锯齿状剪刀。

雕塑类：黏土、油泥、橡皮泥、生面团、各类模子、滚轴等。

缝织类：针、织框、布条、毛织品、花布、白布、塑胶绳、铁丝网框、编篮等。

笔刷类：彩色蜡笔、粉笔、各种毛笔、排笔、水彩笔、刷子等。

拼贴和建构类：色纸片、碎布、线绳、羽毛、树叶、果壳、瓜子壳、豆子、米粒、小扣子、空塑胶瓶、纸板、纸杯、纸盒、纸箱、瓶盖等自然物和废弃物。

印刷类：各类印模、印台、简易的版画工具。

颜料：广告颜料、墨汁、水彩颜料等。

其他：废弃物回收箱、抹布、小扫帚、簸箕、小筐等。

2. 音乐表演区

音乐表演区是幼儿用乐器、道具和身体动作进行各种表演和表现、表达音乐美的地方，材料丰富多样，且弹性很大。音乐表演区可投放以下材料。

乐器类：鼓、三角铁、铃鼓、碰铃、木鱼、沙槌、锣等常用打击乐器和有固定音高的乐器，如电子琴、手风琴、铝板琴、木琴等；用废旧物自制的打击乐器，如自制沙槌、自制腰鼓、手鼓等。

表演服装和道具类：各式服装、面具、头饰、斗篷、扇子、彩带、丝巾等。

辅助材料类：光盘、音乐磁带、节奏图谱、剧本、海报等。

（四）艺术活动区的引导

提供丰富多样的材料、道具和多通道表现、表演的舞台，创设与各种艺术表现相适宜的环境，有利于激发幼儿艺术表现和创作的欲望，并为幼儿的创作、表现和表演提供充分的物质支持。因此，教师应通过环境的丰富和变化激发幼儿表演、表现和创作的欲望。

1. 引导幼儿巧妙使用道具

幼儿的想象力是十分丰富的，要引导幼儿多使用道具和材料，引发其新的游戏创想。同时，当幼儿游戏方向偏离时，还可以用道具帮助幼儿维持角色意识。以艺术表演为例，表演区里提供的各种好看的棍子，可能就是幼儿的"金箍棒"；提供的各种美丽的披风，可能就是幼儿扮演公主和王子时的衣裳。有了道具，幼儿的游戏会更加丰富多彩。为年龄大的幼儿提供更多夸张和抽象的道具，可以使他们在表演时尽情地想象和发挥。

2. 丰富幼儿的艺术体验

教师要注意和家长共同通过各种方式方法丰富幼儿创作、表演的内容和经验。因为幼儿在艺术区的活动，无论是创作、表现，还是表演，都既有想象的成分，又有模仿现实的成分。因此，平时应通过各种方式方法丰富和充实幼儿的艺术感受和经验。比如，引导幼儿通过观察、感知生活中各种事物的特点和变化，发现和体验生活中的美；通过电影、电视、图书等传媒帮助幼儿积累对创作和表现、表演有益的素材和经验。

3. 适时提供帮助和指导

教师可以为幼儿提供心理、精神、材料、技术等方面的支持。教师应允许幼儿自由表现和表达，鼓励幼儿自主创作和创造，当幼儿在产生心理安全感和得到精神鼓励时，最有利于激发他们的创新意识。教师的言语激励和动作鼓励有利于创设轻松愉快和奋发向上的环境氛围，这样的环境氛围能让幼儿充分展示自己的创造才能。

教师应根据幼儿的年龄、能力，给予不同的帮助，并且是在幼儿需要时才可伸出援手。如帮小班幼儿掌握使用材料和工具的技巧，教中、大班幼儿合理构图，学会运用不同材料来进行创作，创造性地运用道具进行表演，等等。

四、科学探索区的环境布置及材料投放

一般来说,有条件的幼儿园可设置全园幼儿共享的科学室、动物饲养区和农作物种植园。各班则应根据具体情况和条件设置不同内容的科学区角,如自然角、科学桌、益智区、棋类区等。

(一)依据目标确定内容

在科学探索区,幼儿应观察了解动植物的生长变化,学习饲养、照顾小动物;探索物理科学和生命科学的奥秘,了解人与自然的关系,体验生命的本质;对自然和科学有好奇心与探究欲望,体验科学发现和科学研究的乐趣;具有坚持、专注、实事求是等学习态度和责任意识;了解科学研究的基本方法和过程,学习使用各种实验器具,提高运用各种方法解决不同问题的能力;提高对材料基本属性的认识,包括大小、多少、长短、厚薄、高矮、轻重、冷暖以及获得时间、空间、形状、顺序、匹配、测量等经验;掌握各种数的概念,理解各种数量关系,发展数理逻辑思维;获得感官上的满足,促进手眼协调,提高动作的灵活性和协调性。

为了让幼儿感受种植、养殖的乐趣,促进对动植物的观察了解,掌握基本的种植养殖方法,幼儿园可以设置自然区;为促进幼儿对生活中一些科学现象的探究和对一些基本科学概念的掌握和运用,幼儿园可以设置科学实验区;为了促进幼儿对数的概念的理解和掌握,体验认识物体大小、多少、长短、高矮等方面的乐趣,幼儿园可设置益智区。

(二)规划科学探索区的位置与格局

科学探索区主要分为三大类,包括自然区、科学实验区、益智区。三个类型的科学探索区在位置选择与格局上有相同的地方,也有各自特别的要求。

1. 面积要求

自然区分为户外和室内两种,户外的种植养殖区的面积相对大一些,室内的自然区要选择光线较好、比较开阔的地方;科学实验区不需要很大,但要设置操作台面供幼儿摆弄材料、进行实验;益智区可以选择面积相对较小的区域,能放下玩具柜和桌椅即可。

2. 相邻区域

科学实验区、益智区应与安静区域为邻，如阅读区、悄悄话角。与语言学习区为邻有利于幼儿随时翻阅、查找相关的科学图书，进行深入的探讨与了解。自然区、科学实验区应临近水源、光源及电源，既利于动、植物的生长，又方便幼儿进行各种观察和实验。

3. 区内格局

科学探索区应尽量分出几个不同的区域，除自然区、科学实验区、益智区外，还可设置科学制作区、数学角、棋类区等，投放的材料要经常更新。

益智区以桌面游戏为主，可为幼儿提供可操作的桌面或台面，最好有特制的桌、凳、盒、筐等，力求营造温馨的操作环境；也可以在铺着地垫的地上玩，但应设置"屏障"，如用有色胶带画出特定的空间让幼儿安心游戏。如果空间宽裕，可将益智区按功能再划分为几个小区，或用隔板、屏风隔出几个隐秘空间，如感官操作区、拼图区、棋类区等，更方便幼儿做不同选择。

设置方便宽裕的贮存空间，分门别类地存放玩具、仪器、材料、工具和记录用的纸、笔等，并贴上相应的材料标识，这一方面方便幼儿取拿和归放，避免因寻找玩具而耽误太多时间和影响幼儿专心地玩游戏；另一方面也能巧妙地将玩具收拾工作转化为有趣的分类或配对游戏。

（三）投放材料

1. 自然区

自然区是在活动室内为幼儿设置的种植植物和饲养小动物的区域。自然区往往被布置在活动室阳光最充足的地方，方便动植物的生长。

自然区可以投放以下材料。

（1）植物角

花卉类：容易种植且具观赏性的各类花卉，如月季、菊花、一串红、蒲公英、太阳花、含羞草等。

农作物：大蒜、葱、豌豆等。

水中泡养植物：白菜花、萝卜花等。

工具类：铲子、花盆、瓶子等。

此外，还可以投放各种各样的种子、树叶、花卉标本以及水果模型等。

（2）动物角

易饲养和可观赏的小动物：金鱼、小鸟、小乌龟、小螃蟹、小龙虾、春蚕、小蝌蚪等。

幼儿喜欢探究的小动物：蚂蚁、蜗牛、蚯蚓等。

工具类：盒子、瓶子、杯子、喷壶、小铲子、动植物标签、观察记录本等。

此外，还可以投放海螺、贝壳，动物的皮、毛或皮制品以及动物的标本、模型、图片等，并根据季节和幼儿的学习需要更换和添置材料。

（3）种植园和饲养区

这里所说的种植园和饲养区是指在幼儿园中设置的种植农作物和饲养小动物的公共科学区域。在条件有限的情况下，可将种植园设置在幼儿园建筑物的房前屋后，每班一小块，面积以幼儿手臂能伸到园地中心为宜。种植园和饲养区是幼儿园中非常重要的科学教育阵地，通过引导幼儿亲自参与农作物种植和动物饲养，不但可以帮助幼儿更细致、全面地观察、了解动植物的生长变化规律和生长过程，了解生命的循环过程，动植物生长与空气、阳光、水以及温度之间的关系，丰富幼儿动植物方面的科学知识和经验，也可以让幼儿在与动植物的亲密接触中增进对动植物的喜爱和关爱之情，并通过种植活动、给动物喂食、帮动物打扫笼舍等活动提高幼儿的动手能力，培养幼儿爱劳动、能坚持、不怕脏和累的品质。

植物类：种植园可种植易成活、生长周期短、可种可收、易留种的植物，如大蒜、小葱、白菜、萝卜、茄子、蚕豆、黄豆、黄瓜、向日葵、玉米等。

动物类：饲养区的动物应是性情温顺、易于饲养、没有危险且能让幼儿亲近的动物，如兔、猫、宠物狗、鸡、鸭、鹅、鸽子、画眉、黄鹂、鹦鹉、观赏鼠等。

2. 科学实验区

科学实验区是提供操作材料和工具让幼儿自主进行科学实验研究的区域，有些有条件的幼儿园还可设置科学实验室，专门用于科学观察与实验探究。科学室和科学桌的材料非常丰富，教师可以同时投放各种不同的材料，以满足幼儿不同的探究需求。可以投放以下材料。

探索声音现象的材料：吉他、音叉、小鼓等各种小乐器；辨音磁带、乐谱和卡片；试音用的响声盒、纸盒、橡皮筋；制作传声筒的纸杯、线绳等。

探索光现象的材料：各种镜片（凹透镜、凸透镜）；三棱镜、万花筒、放大镜以及各种平面镜；手电筒、透明玻璃、各种色纸、彩色塑料片等。

探索电现象的材料：手电筒；连接简单电路的电池、小灯泡、电线；探究摩擦起电的材料（塑料笔杆、塑料吸管、碎纸片、碎布片、塑料片）等。

探索磁现象的材料：各种形状的磁铁（棒形、马蹄形、圆形、环形、不规则形等）；铁和铁制品（曲别针、大头针、小铁钉等）；其他物品（石子、塑料片、木头块、纽扣、玻璃板、小纸人、指南针等）。

探索力的材料：弹性物体，如各种球、橡皮、橡皮筋、毛线绳、塑胶绳、弹力布、弹簧等，滑轮，斜面板，玩具小汽车等。

科学小制作的材料：如制作风车、风筝、不倒翁、万花筒、电话、喷水壶等所需的各种材料。

工具类：剪子、钳子、锤子、钉子、螺丝、胶水、胶带、线绳、温度计、尺子、小秤、天平等。

各种生物和非生物标本：鸟类标本、昆虫标本、岩石标本、植物标本等；活的生物，如水生养殖的动植物、无土栽培的植物、各种昆虫等。

精密科学仪器：望远镜、显微镜等。

此外，也可以根据主题活动投放探究材料，如探索"动物的家"时，可提供鸟巢、蜂窝、寄居蟹、贝壳等；探索"机器的妙用"时，可陈列开罐器、轮轴、废旧的发条玩具等。

3. 益智区

益智区是幼儿通过操作各种材料和益智玩具学习数学、启迪智慧的活动区域。较之于其他区域，益智区的内容往往与动脑思考和动手解决问题有关，有些游戏还需要幼儿分出输赢，因此更具挑战性和竞赛性。

益智类的玩具种类繁多，分类方式也多种多样。可投放以下材料。

按玩具的来源可分为购置玩具和自制玩具。

按玩具的教育内容和功能可分为感官操作类玩具、数字类玩具、形状类玩具、逻辑与关系类玩具等。

按玩具的操作特性可分为技巧学习型玩具（主要用于训练生活技巧和手眼协调能力，如串珠、扣子）、自我修正型玩具（玩具本身有一定的组合方式，幼儿要边玩边自我修正，如各种拼图、套叠玩具）、自由组合型玩具（玩具有许多不同的组合方式，幼儿可自行组合出不同的花样，如七巧板）。

按操作玩具时所用的感官知觉可分为听觉玩具和触觉玩具等。

此外，还可按年龄层分出适合小、中、大班幼儿的玩具。

（四）科学探索区的引导

1. 做好材料的介绍

在呈现新的材料和主题前，教师应以集体或小组形式做一次简介或预告，一方面引起幼儿的学习动机，另一方面方便日后幼儿的探索。对于幼儿不熟悉或未接触过的器具和仪器，应先指导他们掌握使用方法和技巧，以免造成意外伤害或损坏。

2. 和幼儿一起讨论制定区域规则

科学探索区内玩具种类较多，需要幼儿遵守游戏规则，保证活动区的游戏秩序。比如益智类玩具有的可以独自玩，有的必须共同玩，如镶嵌、拼图、套叠、接龙等玩具属于可独自玩的，而棋类、牌类需两人以上一起玩。需要共同玩的玩具，除了玩具本身有规则限定外，还需要和对手有些约定。因此，遵守规则和约定是保证游戏顺利进行的重要条件。在这些方面，教师要给幼儿以适当的帮助。一是要让幼儿共同制定和明确需要遵守的规则，二是在幼儿产生纠纷时不要急于介入，要引导幼儿自己解决问题。

3. 给予幼儿展示作品的机会

给予幼儿展示作品、交流心得的地方和机会，既有利于幼儿的表达、交流和分享，又能鼓舞和吸引更多幼儿进入科学探索区进行探究。教师应少干预或不干预幼儿在科学探索区的探究，指导时要注重肯定、鼓励幼儿探究的积极性，启发和引导幼儿大胆、自主地研究，为幼儿营造一个安全、宽松的探究氛围。

4. 引导幼儿在游戏结束后收拾好玩具

游戏结束后，教师要引导幼儿将玩具放回原处，做好收拾与整理工作。可以以分类比赛、配对比赛的方式引导幼儿将玩具分类规整。

五、语言学习区的环境布置及材料投放

语言学习区是幼儿了解社会、学习语言的重要窗口。

（一）依据目标确定内容

语言学习区的主要目标有以下几项。

第一，让幼儿学会听故事、讲故事、演故事，培养幼儿认真倾听、自由表达和表现的能力；从阅读材料中了解社会、体验生活、增长知识、懂得道理；认识常用字，学习新词汇，参与语言游戏，培养对中国文字的兴趣。

第二，让幼儿投入文学的世界，体验阅读的乐趣，培养爱书的情感和独立阅读的能力；学习独处，学会缓解情绪压力。

因此，为了促进幼儿听说能力的提升，可设置视听角、悄悄话角、广播台等。为了提高幼儿的阅读能力，可设置阅读区，让幼儿感受阅读的快乐。

（二）规划语言学习区位置与格局

语言学习区的内容多样，主要以开展听说游戏为主，在区域设置上要能够最大限度地锻炼幼儿的语言能力。

1. 面积要求

语言学习区对活动面积的要求不多，阅读区要能够放得下书柜，有足够的供幼儿读书的空间；视听角只需要一张桌子的空间。

2. 相邻区域

语言学习区应设置在采光好的地方，最好靠窗，并用百叶窗帘随时调整光线强度，以保护幼儿的视力。语言学习区宜与安静的区域为邻，以保证幼儿能安静、专心地阅读，少受打扰。视听角可与角色扮演区或表演角相邻，幼儿可以视、听、演结合，边欣赏故事、边模仿表演，充分感受、体验文学作品的优美意境。

3. 区内格局

阅读区要设在光线较好且安静的地方，可提供地毯、靠垫、小沙发等物品，营造宁静、温馨、舒适的阅读氛围。语言学习区可设置成相对封闭的活动区。

区域内可用书架或矮柜作区隔，书架（书柜）以开架式为宜，方便分类放置各种图书和幼儿自由取放图书。

有条件的班级可用屏风、隔板、小操作台等将语言学习区分割为不受干扰的多个小区，如新闻台、操作讲述角、木偶或童话剧表演角、图书制作角等，创设多元化的语言环境。

（三）投放材料

语言学习区的材料要以能提高幼儿的听、说、读能力为主，为幼儿提供内容丰富的、富有童趣的材料。小班图书品种不必太多，但同一品种图书可以多提供一些。为初步培养小班幼儿的阅读兴趣，图书应以图文并茂、图多字少、生动有趣的婴儿画报、立体图书、声响图书、卡通图书以及识图类的卡片为主。中、大班幼儿求知欲增强、生活经验有所增加，应以幼儿画报、童话故事书、知识类或工具类的科普图书以及识字卡片为主，还可让幼儿自带图书和自制图书等。故事书以情节复杂、富有刺激性和科幻特点的最有吸引力，图书品种则应尽量多样化，并注意定期补充和更换。

1. 图书角

书籍类：图书的种类和数量应依据不同年龄特点而有区别地投放。可投放故事书、科普书、工具书、娃娃画报、软纸图书、硬纸图书、布书、立体图书、自制图书等。

家具类：书架、书桌、小沙发、地垫、抱枕等。

其他：报纸、杂志、图片、卡片等多元语言材料。

2. 视听角

视听角是利用电子视听设备，让幼儿通过看、听、说、演学习语言。可投放以下材料。

电子设备类：电脑、电视机、录音机、磁带、光盘、耳麦等。

辅助材料类：讲述背景台、木偶台、头饰、木偶（包括木偶、布袋偶、指偶、纸偶等）和各种人物、动物、植物的模型玩具、服装道具、故事拼图。

3. 悄悄话角

悄悄话角是一个相对隐蔽、安静的语言活动区，幼儿可在区内与小伙伴说说话、聊聊天，也可以对着自己喜欢的图书、玩具自言自语，为性格内向、不爱说话和想独处一会的幼儿提供一个宽松的语言表达环境。可投放以下材料。

小房子、大型包装箱、帐篷等，有创意且受幼儿欢迎。

（四）语言学习区的活动指导

语言学习区的活动指导重点在于引导幼儿在游戏中练习听、说的能力，培养幼儿的阅读习惯。在活动指导方面，需要做到以下几点。

1. 创设宽松的氛围

创设一个幼儿想说、敢说、喜欢说并能得到积极应答的环境。除了提供让幼儿舒适的阅读环境外，还要给幼儿精神上的支持，如对耐心倾听他人说话和大胆表达、交流的幼儿要及时肯定和鼓励。当然最重要的是教师自身的示范，教师遣词造句的规范，语气、语调、表情所传达出来的态度，无一不具有示范和暗示的作用，潜移默化地影响幼儿语言学习的能力（发展）和态度。

2. 投放辅助性材料

引导幼儿通过多种方式学习语言，在多元化的语言活动环境中发展语言能力。语言学习区除了图书和视听设备以外，还可投放多样化的语言活动材料，如电话机、答题卡、书写记录材料、桌面操作材料等，让幼儿沉浸在材料丰富的语言环境中，以多种方式听故事、说见闻、读科普、看动画、演话剧、做图书，使语言活动立体化、情境化、游戏化、趣味化，如用传声筒说悄悄话，戴耳机听故事，扮小记者、主持人采访和播报，等等，在扮演和交流中促进语言的发展。

3. 根据幼儿的兴趣更新材料

语言学习区同样要经常"思变"，否则很快就会变得冷清，甚至"门可罗雀"了。如经常围绕正热播的动画片，在区内投放相关的道具、图书、卡通形象，引导幼儿讲故事内容、议角色特点、表演故事情节等，让幼儿在感兴趣的话题中提高自身的讲述水平和表达能力。

第七章 幼儿园心理环境与人际环境创设

环境作为一种隐性课程,在开发幼儿智力、促进幼儿良好个性发展方面,越来越引起广大幼儿教育工作者的重视。《幼儿园教育指导纲要(试行)》强调幼儿园应为幼儿提供健康、丰富的生活和活动环境,满足他们多方面发展的需要,使他们在快乐的童年生活中获得有益于身心发展的经验。作为幼教工作者,在注重创设幼儿园物质环境的同时,还应该格外重视幼儿园心理与人际环境的创设。

第一节 幼儿园心理与人际环境及其构成要素

一、幼儿园心理与人际环境概念

心理环境有广义和狭义之分。广义的心理环境是指对人的心理发挥着实际影响的社会生活环境,包括对人产生影响的一切人、事、物。狭义的幼儿园心理与人际环境即人际环境，主要指幼儿园和班级的风气、教师的教育方法、教师的人格特点和心理健康状况。

创设良好的幼儿园心理与人际环境的意义，就在于有效地掌握影响人的心理和行为的各种环境因素，并以科学的管理方法和手段利用和控制这些因素，使之有利于教职员工积极性的发挥，促进幼儿的健康成长，以保证幼儿园发展目标的实现。

二、幼儿园心理与人际环境构成要素

幼儿园心理与人际环境的构成要素主要包括人及幼儿园人际关系。

（一）人的要素

幼儿园人的要素主要包括幼儿、教师、保育员、园长、家长等诸多群体，各群体之间不是独立、静止的存在，而是相互作用的。

1. 幼儿

幼儿虽然年幼，身心还不成熟，但作为独立的个体，他们同样有独立的人格和意识，有自己的情感情绪乃至观点。他们是"学"与"玩"的主体，在游戏和其他学习活动中具有自主性、能动性和创造性。

发挥幼儿的主体性，要求教师充分认识并牢固确立幼儿的主体地位。任何外在教育环境都必须通过幼儿主体的努力，才能实现环境教育功能的转化，最终促进幼儿发展。在环境创设过程中，教师应充分激发幼儿的参与热情和思维火花，努力把环境创设的过程演绎为有序的、动态的、变化的过程，巧妙地把各个环节优化为能与幼儿产生互动的教学内容，有目的、有计划、有策略地分步实施，让幼儿在开放、合作、挑战的过程中得到发展。

2. 教师

幼儿教师是幼儿园中对幼儿发展影响最大的人群。在具备一定的物质条件后，教师的观念和行为是影响幼儿园环境质量的决定因素。

首先，教师的思想、态度、情感和行为本身就是构成幼儿园环境的要素之一。其次，由于幼儿园的各种环境都是教师根据教育的要求及幼儿的特点精心创设与控制的，因此，如果教师具有正确的观念与行为，就可以敏锐地发现幼儿的各种需要，协调各方面的因素，创设一个良好的发展环境，促进幼儿的发展。如果教师不具有正确的教育观念与行为，则会对幼儿的需要视而不见，对环境中各种有利的因素不能加以充分利用，对不利因素不能进行有效控制，就不能保证环境的整体质量。

3. 保育员

保育员是幼儿园实施保育工作的主体，其保育水平将直接体现幼儿园整体保育质量。保育员要主动参与幼儿保教过程，与教师分工协作，通过保育活动对幼儿进行教育，这是提升幼儿园保育工作质量的最有效途径。

4. 园长

园长是园所工作的计划者和组织者，在完成幼儿园保教任务中处于关键地位。园长的素质决定整个幼儿园的工作状态。园长的言行影响着全体成员，其工作作风很大程度上决定了幼儿园的园风。园长的政治、文化科学知识，工作能力等素质，直接决定幼儿园的管理水平和教育质量。

5. 幼儿家长

家长是孩子的第一任老师。在孩子成长和发展的过程中，家长始终是孩子生活、学习中的权威、榜样、伙伴、向导。家长参与对幼儿的认知、语言、情感、行为、态度、社会交往和人格等许多方面的教育，对其终身发展都会产生深刻而长远的影响。

（二）人际关系

幼儿园人际关系主要包括师幼关系、幼儿与幼儿的同伴关系、教师与家长之间的关系、教师之间的关系以及教师与保育员之间的关系等。只有各方面的人际关系和谐了，幼儿园发展才会有活力。创设人际环境的核心就是要建立融洽、和谐、健康的人际关系。

1. 师幼关系

师幼关系是教师和幼儿在保育教育和交往过程中形成的最基本、最重要的人际关系，它贯穿于幼儿一日生活的各个环节，是幼儿园各项教育目标得以实现的重要保证，是促进幼儿全面发展的关键因素。《幼儿园教育指导纲要（试行）》强调，教师应成为幼儿学习活动的支持者、合作者、引导者，表明了教师和幼儿之间应是平等的关系。平等的师幼关系对幼儿认知、情感、心理健康等方面的发展有着积极的影响。如果师幼关系紧张、感情冷漠、互不关心,那么幼儿就会对教师的教育活动产生抵触情绪,教学活动就不能很好地开展,其教学效果则可想而知。

2. 同伴关系

同伴关系是儿童在交往过程中建立和发展起来的一种同龄人之间的人际关系,它在儿童的发展和社会适应过程中具有成人无法取代的重要作用,是不容忽视的重要人际环境因素之一。

儿童社会交往过程中,随着交往范围的逐渐扩大,同伴关系已成为其对外关系的焦点和重点。观察发现,不少幼儿进入大班后,幼儿之间的关系开始出现一些微妙的变化,似乎不再像小班、中班那样不分彼此、亲密无间了,幼儿之间经常会发生摩擦和矛盾,尤其在幼儿自主活动时,这种矛盾和摩擦表现得更为突出。而且,此类摩擦和矛盾往往伴随着幼儿期成长的全过程,因此也成了幼儿间相互交往的重要内容之一。

教师只有认识和了解了幼儿各个时期的交往特征,为幼儿创设一个自由、宽松的交往环境,才能帮助幼儿建立良好的同伴关系,促使幼儿形成自信、自尊、活泼开朗的性格和良好的个性品质。

3. 教师与家长关系

《幼儿园教育指导纲要(试行)》指出,家庭是幼儿园重要的合作伙伴。应本着尊重、平等、合作的原则,争取家长的理解、支持和主动参与,并积极支持、帮助家长提高教育能力。

教育家苏霍姆林斯基说过,教育的效果取决于学校和家庭教育影响的一致性。如果没有这种一致性,那么学校的教学和教育过程就会像纸做的房子一样倒塌下来。

教师与家长沟通艺术的关键在于建立相互信任、相互尊重、相互支持的伙伴关系。而这种关系的建立取决于教师的态度:对孩子的关爱、对工作的责任感、对家长的尊重和理解等。

4. 教师之间的关系

教师之间的人际关系对幼儿具有多重影响。

幼儿园教师对待社会、对待事业、对待生活、对待同事的态度,会给幼儿以耳濡目染的影响。如果教师之间能和谐相处,愉快合作,那么,幼儿的内心深处便会萌发团结友爱的思想感情，幼儿就更容易产生合作的行为方式并且逐渐稳定下来。如果教师不能和谐相处、愉快合作，其所在班级的幼儿与建立了很好合作关系的教师所在班级的幼儿相比，违纪行为就会多一些，幼儿之间在游戏时也会常出现不合作、不遵守规则的倾向。

所以，创设幼儿园良好的心理与人际环境，教师之间的友好交往将成为幼儿良好社会性发展的榜样。

5. 教师与保育员之间的关系

保育员具有明确的角色地位：保育员也是教育工作者，其行为同样对幼儿具有潜移默化的影响。因此，保育员应与教师密切配合，结合幼儿园一日生活中的各个环节对幼儿实施教育，引导幼儿健康发展。作为保育员重要合作伙伴的幼儿教师，应努力为保育员营造尊重、信任的人文环境，积极支持、指导保育员科学、有效地开展各项工作，从而确保"保教结合""以保促教"的教育理念得以真正落实。

教师和保育员是班级管理工作的主要承担者，是一个团队和集体，每个人都应承担起自己在班级中的一份责任，既要分工明确，又要配合默契，形成一定的秩序，避免不必要的紊乱而导致工作的无序。这个秩序关系着幼儿在园的安全，关系着幼儿受教育的质量。如在晨练时间，保教人员如果各忙各的，或者忙着交谈，就会在一定程度上造成幼儿缺少看管的现象。所以，幼儿在园的每一个时间段，保教人员都要有明确的分工，每位保教人员在每个时间段该做些什么，自己都要做到心中有数，形成一定的工作秩序，才能默契地配合，才能确保每个方位、每个时间段都有保教人员在引领着幼儿自由自主地活动。

第二节　幼儿园心理与人际环境功能

著名的医学、心理学专家丁瓒教授曾指出，人类的心理适应最主要的就是对人际关系的适应，所谓人类的心理病态，主要是由于人际关系的失调而来的。幼儿早期的人际关系不良不仅影响儿时的心理健康，也会影响一生的幸福和成就。

有这样一个故事：有两所设备和食品质量都完全相同的幼儿园，但是，两所幼儿园的幼儿健康状况却大相径庭。甲园的幼儿身心都很健康，情绪也很愉快，而乙园幼儿的身心健康状况却较差。不同的结果使调查人员十分困惑，经过认真的调查分析之后，他们终于找到了原因。原来，甲园管理幼儿吃饭的保育员态度和蔼，富有爱心，在幼儿吃饭时总是以微笑、鼓励对待，并给予幼儿及时的帮助；而乙园的保育员则对幼儿缺乏耐心与爱心，每逢进食就训斥幼儿，致使幼儿一到进食时就害怕、流泪，进餐时情绪低落，严重地影响了幼儿的食欲及消化吸收，最终对幼儿的身心健康产生了不利影响。这个故事让我们明白，心理和人际环境对幼儿健康成长有着极大的影响。

幼儿园作为群体式的保育和教育机构，其管理制度、整体风气，特别是教师的素质、教育态度、教育观念、人格因素、师幼关系，都直接或间接影响着幼儿的心理健康。我国很多俗语，如"近朱者赤，近墨者黑""孟母三迁"都反映了环境影响的重要性。从某种意义上说，在具备了基本的物质条件后，对幼儿发展起决定作用的是心理与人际环境。

在良好的幼儿园心理与人际环境中，教师对幼儿的合理期望与爱，幼儿之间的相互尊重、关心和爱护，以及建立在这种基础上的融洽友好的人际关系，可以有效增强幼儿适应环境的能力，使他们保持良好的心境和平稳的情绪，进而形成活泼开朗、积极进取的性格。具体来说，幼儿园心理与人际环境的功能主要表现在以下几方面。

一、促进幼儿良好的个性发展

人在幼年时期形成的性格是非常稳固的，而幼儿的一些个性特点对他们日后的发展有很直接的影响，是个性进一步发展的基础。

健康的个性总是与健康的人际交往相伴随的。心理健康水平越高，与别人交往越积极，越符合社会的期望，人际关系也就越好。心理健康水平高的人同别人的交往以及人际关系都很好。他们有着一系列有利于积极交往和建立良好人际关系的个性特点，如友好、可靠、替别人着想、温厚、诚挚、信任别人等。

同时，心理健康水平高者，往往来自人际关系状况良好的幸福家庭，这表明人际关系状况会影响幼儿的个性发展和健康。

在幼儿园，教师如果尊重幼儿，把幼儿看作一个独立的人，一个有表达自己情感权利的人，一个既有优点又有不足，并且有自己愿望和期待的、需要别人尊重和注意的独立个体，经常表扬鼓励幼儿，以肯定的口吻对幼儿说"我相信你能做好""你肯定行"，让每个幼儿相信"我是好孩子""老师喜欢我"等，有助于孩子良好个性的发展。

二、增强幼儿的安全感

安全感是整个儿童期心理健康发展的重要基础。社会心理学家研究提示，与人交往是获得安全感的有效途径。当人们面临危险的情境而感到恐惧时，与别人在一起可以直接而有效地减少人们的恐惧感，使人感到安宁与舒适。给儿童创造一个安全轻松的人际环境是培养其积极的交往倾向的重要条件，也是学前儿童乐于交往，与人建立积极情感关系的保证。

例如，教师在和幼儿一起游戏时，或者在给幼儿讲故事时，可以把幼儿搂在怀里，午睡起床后，可以给每个孩子梳梳头。同时，教师要善于发现每个孩子的优点，开展多种形式的活动，为每个幼儿提供平等的表现机会和获得表扬的机会，对每个幼儿报以同样的热情和亲切，让每个幼儿都能从教师微笑的面容、和善的目光中感受到教师真诚的爱，从而增强幼儿对教师的信任，培养幼儿的安全感。

三、培养幼儿愉悦的情绪

情感和情绪是人类心理活动的重要形式，当幼儿置身于一个和谐、美好的环境中，周围的一切就会给幼儿的心理造成一种强烈的情感刺激和美的陶冶，使幼儿深切地感受到教师是关心和爱护他们的，感到像在家里一样温暖，得到心灵的抚慰，有助于培养幼儿健康、积极、向上的个性品质，也有利于形成协调的人际关系，使幼儿产生心理安全感和心理自由感，表现出轻松愉快的情绪状态。

如在幼儿区域活动中,教师引导幼儿各自选择自己喜欢的角色,进行情感的体验。如"娃娃家"的"爸爸""妈妈",自制蛋糕为"娃娃"过生日,邀请"客人"到家里来一起开生日会,边唱生日快乐歌边切蛋糕,在游戏中充分感受分享的快乐情感,体验集体祝贺生日活动的情感,使游戏过程充满和谐与愉悦。

四、增强幼儿自信心

人的自信心是指个体对自身行为能力与价值的认识和充分评估所获得的一种积极的心理体验,是自我意识的重要组成部分,它影响人的社会性发展。具有自信心是一个人迈向成功的第一步。

生活在一个平等、和谐、合作、宽松、自由的环境中,会使幼儿思维活跃。如在环境创设中,教师鼓励幼儿根据自己的想法与需求选择墙面,展示自己的作品与搜集来的材料,即使是一些不如意或不着边际的想法,教师也应多加肯定和赏识,用心聆听孩子们的意见,与他们共同探索问题、解决问题,让他们体验创作的快乐和成就感,这样有助于幼儿在不断思考、不断操作的过程中积累经验、活跃思维。同时,教师"每天蹲下来与孩子说话""每天给孩子一个拥抱"等,能让幼儿体会到师幼之间的平等、尊重和信任,增强幼儿的自信心。

五、促进幼儿社会性发展

幼儿社会性是指幼儿在与社会环境的相互作用下,了解与初步掌握社会规范、生活技能,处理人际关系,发展自主性,逐渐适应社会生活的心理发展过程。社会性发展的内容主要包括分享、合作、助人、安慰等。

每个幼儿从一出生,就开始了由一个自然人向社会人的转化过程。当孩子开始对母亲的爱抚报之以动作或微笑时,就开始了人际之间的交往,他的社会性行为也就开始表现出来了。随着年龄的增长,儿童生活范围逐渐扩大,社会经验日益增多。他们要学会与父母、同伴以及其他人进行交往、接触,并逐步建立起与父母、同伴的比较稳定的关系，这些关系的好坏直接影响儿童以后的发展。

比如在交往中，幼儿能与同伴一起愉快、友好地玩，不争夺玩具，不打人骂人，能关心帮助同伴，就有助于形成同伴友爱、热爱集体的道德品质；幼儿从小听从成人的教育，能够自我服务并帮助成人做些力所能及的事，就为将来守纪律、爱劳动奠定了良好的基础。

第三节　幼儿园良好心理与人际环境创设

依据幼儿的年龄特点，创设良好的幼儿园心理与人际环境，必须做好以下工作。

一、创设充满爱心的师幼人际环境

著名教育家苏霍姆林斯基说过，教育技巧的全部奥秘在于教师如何爱孩子。教师只有把爱心献给孩子，孩子才能积极接受教师的教育。爱，是教师一切工作的出发点和归宿。

创设充满爱心和真情的师幼人际环境，要求教师做到以下几点。

（一）关爱每一个孩子

关爱幼儿是教师的责任。在一个班上，由于先天素质和家庭环境的具体差异，每个幼儿都有着不同的智能和性格。在教育工作中教师应一视同仁地对每一个孩子亲切关怀，并在爱的基础上严格要求。

比如新入园的小班幼儿对自己亲近的人都有强烈的情感依恋，与之分开时，会产生或多或少的分离焦虑，表现为经常哭闹一阵。有的幼儿看到别人哭他也哭，别人笑他也笑，情绪很不稳定。这时老师如果能为幼儿准备一些色彩鲜艳，材质轻软、安全的布娃娃及绒毛小动物等玩具；或者在活动室里贴上幼儿与家长的照片，开设多个"娃娃家"活动区等，将活动室装扮成家的样子；或者在日常活动中经常抱一抱、摸一摸、亲一亲幼儿，帮幼儿穿衣服、脱鞋子，拍着幼儿睡觉，以动作、表情等各种方式向幼儿表示亲近和爱抚，就会有助于增强幼儿自身的安全感和对老师的信任感。

（二）保持良好的情绪

教师的情绪是对幼儿心理发展产生影响的重要人际因素。洛杉矶大学医学院的心理学家加利·斯梅尔经长期研究发现，心情舒畅的人，若同一个整天愁眉苦脸、抑郁难解的人相处，不久也会变得情绪沮丧起来。

教师愉快的情绪对幼儿的情绪有良好的示范和感染作用。更重要的是，成人要善于控制自己的情绪，如果老师无精打采，那么幼儿也会思想不集中，注意力分散。因此，作为教师，应有饱满的情绪，真切的爱心，亲切的态度，把真诚的爱和尊重与严格要求融为一体，在这样的情绪与情感环境中，才会使幼儿对老师感到信任，才可激发他们的求知欲，调动他们参与活动的积极性，从而养成自信、积极向上的良好学习品质。

（三）建立平等和谐的师幼关系

教育家赞可夫曾说，我们要努力使学习充满无拘无束的气氛，使儿童和老师在课堂上都能够自由呼吸。如果不能创造这样的教学气氛，那任何一种教学方法都不可能发挥作用。

建立平等和谐的师幼关系，首先，教师应对幼儿表现出支持、尊重、接纳的情感态度和行为。这是建立师幼间积极关系的基础，也是进一步培养幼儿良好社会性行为的基本条件。教师要善于理解幼儿的各种情绪情感需要，相信幼儿有自我判断、做出正确选择的能力，对幼儿做出的积极行为及时予以肯定。

其次，教师应当以民主的态度对待幼儿，善于疏导而不是压制，允许幼儿表达自己的想法和建议，而不以权威的命令去要求幼儿。只有这样才能充分发挥幼儿的主动性，促进其个性发展；也只有这样的教育方式才能使幼儿具有较强的社会适应能力，养成幼儿积极、主动、大胆、自信的品质，同时，幼儿的自我接纳和自我控制能力也会得到提高。

最后，在教师与幼儿的交往中，要尽量采用多种适宜的身体语言动作，如微笑、点头、注视、肯定性手势、抚摸脑袋、轻拍肩膀等。在师幼交往中，应尽量采用这类"此时无声胜有声"的方式，用身体接触、表情、动作等来表示自己对幼儿的关心、接纳、爱抚、鼓励或者不满意、希望停止当前行为等。要学会蹲下来和孩子说话，教师在与幼儿交谈时，恰当的眼神、表情的使用也能使幼儿对教师的情绪状态和对自己行为的反馈有更为明确、深刻的体会。

二、创设团结友爱的同伴互助环境

同伴交往对幼儿的心理发展起着成人无法替代的特殊作用，对幼儿的社会化、个性与品德的形成、情绪情感和社会适应能力的发展、心理健康以及学习能力的提高都有着重要的影响。皮亚杰认为，同伴关系是道德成熟的脊梁。

良好的同伴关系是幼儿心理健康发展的重要精神环境，也是幼儿良好社会性行为形成的重要因素，有利于孩子形成自信、自尊、活泼开朗的性格和良好的个性品质。

（一）帮助幼儿形成平等交往的意识

对于许多独生子女来说，他们是家庭的"中心"，他们的说话方式和态度容易表现出极强烈的"自我中心意识"。而在幼儿园，老师应尽量让孩子感觉到大家是平等的关系，不应以某个幼儿为中心。同时，孩子做错事的时候老师应该指出来，当老师做错事的时候孩子也一样可以指出来。每一件事情，都应尽可能让孩子们参与讨论，尤其是涉及幼儿自身的问题，应该从幼儿的正当权益和今后发展考虑，多听他们的意见，这样有利于树立幼儿的信心。

（二）帮助幼儿掌握交往的语言

教师可以在与幼儿的交往中，有意识地运用交往语言，使幼儿在无意识中受到熏陶。比如，当有一个幼儿很想玩别人的玩具时，教师可以抓住这个机会对他说："你也想玩是吗？你可以去问问他，就说我们一起玩，好吗？或者说请你让我玩一下好吗？"在实际的人际交往情境中，通过这样具体可感的引导，孩子通常很容易掌握和理解。

（三）提高幼儿的交往技能

帮助幼儿学会与人和谐相处、与同伴合作，很重要的一点是要让幼儿学会观察、体验、理解别人的情绪情感，这就是移情。移情对于培养孩子的社会交往特别是与人和谐相处的能力有一定的意义。孩子的情感是直观的，他们与人交往顺利与否，从对方的情绪变化上马上可以体会到。

移情要求幼儿主动观察对方的情绪情感，继而产生共鸣，从而激发和促进幼儿良好的社会行为的发展，同时还可以抑制攻击性行为。通常，移情训练可以分为三步。

第一步：识别表情。引导幼儿联系自己的生活经验，识别他人不同表情所体现的情绪状态，培养幼儿对各种情感认知表达的能力和辨别他人情绪状态的能力。高兴时会笑、生气时会怒、伤心时会哭等，并让其知道为什么会这样。

第二步：培养移情能力。通过讲故事给幼儿提供移情的线索，形象地呈现感情信息，使幼儿产生积极正确的内心体验与亲社会行为。

第三步：共享感受。通过玩玩具，加强幼儿交往能力的培养，强化幼儿已形成的情感体验。活动中，和幼儿一起讨论"怎样和同伴玩玩具""别人想玩你的玩具怎么办""你拿了别人的玩具应该怎样说""你想玩别人的玩具时应该怎样说"等话题，让幼儿说出自己的想法，再谈一谈"是一个人好玩还是大家一起好玩？"在幼儿玩玩具的过程中，及时引导孩子之间的积极交往行为。

（四）强化幼儿良好的合作性行为

让幼儿学会正确的关心人的行为方式，形成一种相互关心、友爱的班级气氛，这是良好心理与人际环境创设的重要内容。当孩子表现出良好的交往技能和合作性行为时，教师要适时予以强化，使幼儿的良好行为得到保持。同时要引导幼儿学会关心、关注同伴的良好行为和恰如其分地进行自我表扬。比如，在游戏时，玩具要共享，不可以抢夺，要引导幼儿在交往时习惯说"请""谢谢""对不起"等礼貌用语。对于性格内向的幼儿，教师要鼓励其参与班级活动，鼓励其与其他幼儿交往，体验交往成功的愉快，以增强自信心和积极、愉快的情感。

三、创设激发幼儿发展潜能的宽松的心理环境

幼儿是活动的主体，教育的第一要件就是要尊重主体。为了激发幼儿潜能，教师要贯彻"人本"思想，关注幼儿的心理，真正做到用心去关爱每一个孩子。

（一）充分发挥幼儿的主体作用

教师要认识到在幼儿园一日生活活动中，每一个幼儿都应成为主动学习的探索者，而不应该以陪客、旁观者的身份出现。在组织活动时，教师应努力做到面向全体幼儿，让每一个幼儿都能以积极的态度投入活动，成为学习的主人。在环境创设中，应着重考虑幼儿的参与因素，引导幼儿参与环境的设计、准备与创设。同时要采纳幼儿的合理建议，鼓励幼儿大胆表达自己的想法和观点，发挥他们的主动性和创造性，给幼儿提供更多展现自我的机会，满足幼儿的创作欲望，充分发挥幼儿自身的潜能。

（二）公正地对待每一个幼儿

教师应公正地对待每一个幼儿。不管幼儿的出身、性别、性格、长相，以及聪明与否、听话与否、缺点多少，教师都要无条件地接纳他们，包括接纳他们的优点和缺点。在活动指导中，要根据不同孩子的不同水平，提出不同的要求，让每一个幼儿都能在自身原有基础上得到提高，享受进步与成功的喜悦。这是孩子潜能发挥的一个必要前提。

（三）微笑地注视每一个幼儿

教师每天都要与每个幼儿有肯定性的接触，这方面的接触包括身体、表情、目光和语言等不同方式。坚持每天和每个幼儿说说话或者进行目光交流，或者经常对幼儿微笑，或者与幼儿进行适当的身体接触（如抚摸、拥抱、拉拉手等），尽可能地满足幼儿的情感需要。

（四）宽容每一个幼儿

由于经验、能力的限制，幼儿总会犯这样和那样的错误，这是幼儿心理发

展所必须经过的阶段,同时也是很正常的现象。宽容就是既保护他的自尊,又指出他的不足,要允许幼儿犯错误。如果我们以成人的标准去苛求幼儿,那么幼儿将被置于一种无形的压力之中,这不利于幼儿心理的健康发展,也不利于他们创造力的发展。

（五）真诚地欣赏每一个幼儿

教师应该对每个幼儿都充满信心。教师如果经常用肯定的语气、欣赏的眼光去看待每个幼儿身上的每一点微小的、值得赞赏的地方,幼儿将会从教师的眼神中得到支持和鼓舞,使本来很细小的优点变得越来越突出。这样,在发扬他们优点的同时,必然促进他们健康全面地发展。

四、创设发展幼儿自尊、自信的环境

自尊感是自我评价引起自我肯定和希望得到他人或集体尊重的情感体验;自信心是相信自己的力量能克服困难取得成功的情感体验。幼儿受认识水平影响,自我评价能力不高,常依赖于成人的评价。

在教育活动中,教师为幼儿营造平等、宽松、支持的心理环境,应该多用鼓励的方法,因人而异地指导幼儿,使幼儿表现得自信、主动,容易获得成功。比如,利用入园、离园、家访、开放活动等时间向家长了解幼儿在家情绪、行为等方面的表现,及时肯定幼儿的优点。日常活动中经常引导幼儿说说自己和同伴在哪些方面有进步,对幼儿的进步给予表扬和鼓励。同时引导幼儿少与别人比,多与自己比,既指出他优秀的地方,又要指出他的不足,使幼儿能正确地评价自我,树立自尊、自信意识。由于幼儿身心发展存在着很大差异,所以要注意避免用单一的标准评价不同的幼儿,在幼儿面前慎用横向比较。

五、创设和谐一致的家园交往环境

幼儿园的各项工作始终离不开家长的配合,同样,要建立良好的心理与人际环境也离不开家长的支持和帮助。教师要经常和家长交流,互相学习、取长补短，共同教育好幼儿。教师和家长的关系直接影响教师和幼儿的关系。

（一）教师和家长对幼儿的教育要一致

教师和家长对幼儿的教育行为和要求应尽可能一致，这样才有利于幼儿的学习和发展，才能够在幼儿的发展中形成合作者、共同的教育者和共同的决策者这种真正的教育伙伴关系。

特别需要注意的是，当家长与教师出现矛盾时，教师必须理解家长对幼儿园、对教师的印象也许是受到他们以往的经验和成见的影响，坚持以宽容的心态对待家长，以平等、合作的态度改变家长对幼儿园、对教师的消极看法。只有这样，才能建立良好的家园合作关系，促进幼儿全面健康发展。

（二）教师要多和家长交流和沟通

随着社会的进步，家长的育儿水平普遍提高，教师要放下架子，鼓励家长参与幼儿园教育，多肯定家长好的教育方法，积极采纳家长的合理化建议。这样做，不但能拓宽教师的教育思路，而且有利于调动家长参与幼儿园教育的积极性、主动性，使家长感觉自己受到尊重，产生成功感和自尊感，从而有利于形成家园共育的教育合力，促进家长与教师之间合作，密切家园关系，使幼儿园教育起到事半功倍的效果。

家园联系的有效方式多种多样。家长开放日是幼儿园经常采用的家园沟通形式。当家长参观幼儿园时，教师可以向家长介绍幼儿园的课程设置情况及其理论基础，并倾听家长的意见，这样就能够保证幼儿园和家庭在教育目标和价值观上的一致性。家访是另一种常用的沟通方式，也是教师与家长之间建立信任感和结成朋友关系的方式之一。此外，教师还可以采用一些书面的交流、沟通形式，如信息栏、家园联系簿等与家长沟通。

总之，幼儿园的环境是为幼儿的全面发展服务的，应该使生活在这个环境中的每个幼儿感到安全，感到欢乐，感到被尊重，感到为集体所接纳，感到自尊、自信，能获得成功，这就是幼儿所需要的良好的心理与人际环境。

参考文献

[1] 杜楠昕. 幼儿园班级墙面环境创设的现状和改善策略 [D]. 南昌：江西科技师范大学，2020.

[2] 宫宝明. 幼儿园自制玩教具指导与范例 [M]. 北京：中国轻工业出版社，2017.

[3] 郭晚盛. 幼儿园环境创设 [M]. 上海：复旦大学出版社，2019.

[4] 杭斌. 幼儿园环境创设 [M]. 南宁：广西美术出版社，2017.

[5] 何娟，张桢林. 幼儿园自制玩教具制作 [M]. 重庆：重庆出版社，2018.

[6] 何洋，张洪. 幼儿园教学具设计与使用指导 [M]. 长春：吉林大学出版社，2016.

[7] 黄玉娇. 幼儿园玩教具制作与应用 [M]. 西南大学出版社，2021.

[8] 蒋慧娇，郑轩. 幼儿玩教具制作与应用 [M]. 长春：东北师范大学出版社，2014.

[9] 李丽华. 幼儿园环境创设 [M]. 长春：吉林美术出版社，2017.

[10] 李婷. 幼儿园户外活动环境的优化研究 [D]. 沈阳：沈阳体育学院，2014.

[11] 刘杰. 浅谈幼儿园玩教具设计与制作 [J]. 文化创新比较研究，2018，2（35）：181-182.

[12] 卢伟，王雨露，唐正军，等. 幼儿园教育环境创设 [M]. 北京：语文出版社，2017.

[13] 潘丽钦. 幼儿园自制玩教具的价值与问题探析 [J]. 中国现代教育装备，2022（6）：59-61.

[14] 秦红梅，汪旻. 幼儿园手工制作 [M]. 西安：西安电子科技大学出版社，2016.

[15] 宋晓妍，唐璇，冯建. 幼儿园环境创设 [D]. 吉林大学出版社，2019.

[16] 孙彦霞. 幼儿园环境创设的理论与实践研究 [M]. 长春：吉林美术出版社，2018.

[17] 邢夏健，高媛，吴健. 幼儿园玩教具设计与制作 [M]. 石家庄：河北美术出版社，2017.

[18] 徐萍. 浅析幼儿园环境创设中材料的合理有效利用 [J]. 才智，2020（1）：80.

[19] 尹坤萍，郝萍瑞，赖映红. 幼儿园环境创设 [M]. 昆明：云南教育出版社，2019.

[20] 曾新华. 幼儿园环境创设 [M]. 北京：中国青年出版社，2018.

[21] 张建波. 幼儿园环境创设 [M]. 北京：教育科学出版社，2018.

[22] 张晓旭，曹福泉，张平. 幼儿园玩教具制作 [M]. 沈阳：辽宁教育出版社，2016.